AF391558

E. NEVEUX

VIREUX-WALLERAND

sous la

BOTTE ALLEMANDE

HISTOIRE D'UNE COMMUNE OCCUPÉE

(24 août 1914 — 14 novembre 1818)

Ouvrage couronné d'une Médaille d'Argent

par l'Académie Nationale de Reims, 1922

Imprimerie Adolphe BAUDIER, à Rocroi

1923

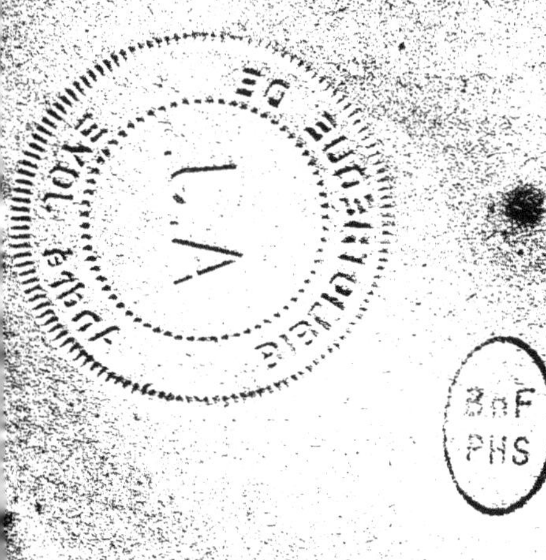

PRÉFACE

Pour les lecteurs qui ne sont pas ardennais, nous croyons utile d'indiquer que la commune de Vireux-Wallerand (1.500 habitants), en face de Vireux-Molhain, sur la Meuse, est située dans la pointe de Givet, à dix kilomètres de cette ville, entre Givet et Mézières.

Aussitôt la Belgique envahie, notre commune, par sa position sur la frontière, devait fatalement subir, au début de la guerre, les horreurs de l'invasion. C'est ce qui arriva le 24 août 1914.

M. Neveux, instituteur, a écrit l'histoire de la commune pendant l'occupation allemande, Il fut mieux placé que tout autre pour se documenter. Travaillant à la mairie comme secrétaire-adjoint, il se trouva, comme le maire, en contact journalier avec l'autorité allemande dont il connut tous les ordres, avis, proclamations, etc.

Il nota également, en son journal personnel, les divers incidents de l'occupation.

Son livre est donc sincère. Il dépeint, jour par jour, la vie réelle des populations sous le joug allemand ; de nombreux documents officiels font connaître, mieux que tous les récits, la brutale administration teutonne.

L'Académie Nationale de Reims, en couronnant ce livre, en a consacré la valeur.

C'est par des relations vraies comme celle-ci que l'on pourra établir l'histoire impartiale de la grande guerre.

R. COMPANT,

Ex-Maire de Vireux-Wallerand

de 1912 à 1919.

PROLOGUE

MON JOURNAL

24 août 1914.

« La nuit s'est faite d'encre. Rien que l'angoissant silence. La rue est déserte. Aucun bruit ne vient détourner l'anxiété de mes pensées. A l'horizon noir, derrière les forêts bien connues et à cette heure si mystérieuses, le ciel reste d'un rouge sombre, qui par instants s'empourpre pour s'éteindre encore.

« A ma gauche, Villerzie, Bourseigne achèvent de se consumer. Devant moi, Hargnies continue à brûler. Et vers ma droite, Haybes commence à s'allumer. La route des barbares est bien jalonnée !... Et je suis là, tristement rêveur, devant cet avenir angoissant, fait de quel sinistre mystère ?...

« Tout se tait : calme terrible. Le tic-tac de ma montre semble s'espacer, fait des secondes des éternités !

« Je songe !... Vingt-quatre jours sont passés, fiévreux, depuis que nos braves sont partis, stoïques, vers le redoutable inconnu. Longuement nous les avons suivis, avides des trop courts communiqués, rapidement amplifiés. De crainte aucune. Notre massif de l'Ardenne n'est-il pas inexpugnable ? Et Charlemont, là-bas sur son roc, ne nous garde-t-il pas ? Pourtant un soir nous avons entendu le canon. Le 11, le commandant a démenti la présence des uhlans dans la région, mais a établi un poste d'observation sur le toit de l'école, tout en faisant barricader les voies d'accès vers le village. Et le 14, le pont a sauté et l'explosion de la mine a sonné un glas cependant que nos soldats nous abandonnaient. Dimanche (16) nous avons douté. De pauvres Dinantais, fuyant la défaite, l'incendie, le meurtre, le pillage, la bouche pleine du récit de leurs malheurs, sont passés à la gare, allant au hasard, sans autre but que celui de fuir la horde teutonne. Puis l'incendie s'est allumé dans le lointain. Chaque soir depuis nous avons suivi ses sinistres progrès. Et avant hier nos douaniers sont allés à Hargnies; leur trop frêle rempart vite balayé, n'a pu protéger le village et la tache sanglante a allongé sa tentacule vers le sud tandis qu'un sinistre oiseau noir bravant la fusillade incertaine, éclairait la marche de l'envahisseur et volait très bas sur nos têtes. Puis ce matin le train a dû rétrograder, salué par la mitraille, et toute la journée des bruits sans cesse accrus ont marqué les progrès de l'encerclement. Le canon a tonné. L'incendie s'est vite allumé. Haybes brûle, le vent m'en a apporté les cendres cet après-midi pendant que je cherchais à savoir. Fépin brûlé, nous avons entendu ses maisons s'écrouler.

« A l'ouest, on parle de l'occupation de Treignes, de Mazée. Notre pointe est maintenant une île, dont des vagues de feu lèchent les côtes !...

« Maintenant tout s'est tu !... Mais dans les logis, discrètes, voilées, des lumières s'agitent trouant la nuit de lueurs tremblottantes, comme les cierges des veillées funèbres. Je devine des yeux rougis, cherchant provisions, linges, objets précieux qui s'entassent en des sacs trop lourds, cent fois remplis, cent fois allégés. Tout semble précieux à cette heure, et pourtant?

« Demain on fuira. Où?... Le cercle est fermé, et à nouveau je m'enfonce dans le mystère, tandis que les lueurs tremblottent, dans les maisons debout encore, mais demain?...

« 26 août 1914.

« Nous voilà rentrés. Comme je le prévoyais, hier a

vu la fuite. De bon matin, deux jeunes hussards de la mort sont descendus dans ma rue, lançant des regards goguenards qui fouillent les intérieurs en désordre. Lance au poing, carabine sur la selle, ils allaient au trot lent de leurs montures, leur sinistre renommée les avait précédés. Et dans leurs mains nous croyions voir les pastilles incendiaires. Et ce fut la fuite, la fuite irraisonnée, sans autre but que celui de fuir, sans l'idée de la poursuite facile.

« Et les sentiers des champs et les sentes des bois, virent un défilé lamentable de malheureux s'arrachant à leurs foyers, victimes d'une idée, loques humaines sans autre énergie que celle d'aller à l'aventure, de quitter leurs maisons intactes, mais qui tout à l'heure sûrement flamberont.

« L'ennemi n'est pas nombreux : Deux cavaliers. Mais le symbole est sinistre !... La contagion gagne les cœurs déprimés par l'atroce et effroyable désillusion. Crier le 9, « A Berlin », et entendre le 24 des ruines fumantes, rugir « Nach Paris », c'est une chute profonde. Aussi on fuit sans que le danger soit réel. Et le soleil levant semble s'être voilé pour ne pas éclairer ce défilé qui s'allonge dans les chemins cachés de malheureux portant qui un panier, qui un sac, pressant et gourmandant les enfants, risquant un œil craintif vers l'arrière tranquille, tressaillant au bruit d'une branche morte qui se casse, forçant le pas, l'échine courbée vers le sol impassible. Puis dans les jeunes taillis, sous les ramures denses des coudriers, des campements sont vite organisés. On a pillé les gerbes de blé séchant sur les chaumes et on en a parsemé le sol.

« Puis ce fut la longue attente dans l'atmosphère lourde de crainte, où la moindre rumeur fait boule de neige, s'amplifie démesurément.

« Et lentement la journée s'est tirée. Quelques sages, des fous pour leurs voisins, sont rentrés l'après-midi.

Les autres ont préféré dormir au bois. Mais ce matin tout le monde est rentré. Les maisons sont encore debout. Le village est intact. Wallerand n'est pas sur la route d'invasion. La tempête a déferlé plus au sud, elle a passé la Meuse à Fumay, fermant à Rocroi le tenaille qui enserre Charlemont. Fumay a payé son tribut. Surice et Romedenne sur l'autre branche la payent.

« La nuit s'est faite sur nos destinées. Que sera l'avenir « SOUS LA BOTTE ALLEMANDE » ?

PREMIÈRE PARTIE

ZONE D'OCCUPATION (Gebietzone)

Août-Décembre 1914

LA FAIM

Dès l'arrivée des Allemands et une fois atténuées les terreurs qu'ils nous inspiraient, un problème prit tout de suite des proportions angoissantes. Notre village est en pleine région industrielle. Quelques maigres terrains au bord de la Meuse sont cultivables, mais l'ouvrier trouve plus de profit au travail à l'usine et la « campagne » est transformée en pâturages où quelques fermiers élèvent des vaches laitières. Aussi en août 1914 le bilan de nos ressources se composait de quelques maigres gerbes de blé et de seigle, de quelques quintaux de pommes de terre. Et le trafic interrompu sur nos voies ferrées ayant entravé notre ravitaillement, la situation avait déjà inquiété le Maire qui le 23 août avait demandé au Maire de Charleroi, débouché plus commode que Charleville, de « vouloir bien autoriser ou au besoin réquisitionner un moulin d'envoyer 100 ou 200 balles de farine à la gare de Vireux-Molhain. » (1)

Entre temps, les magasins peu nombreux étaient dévalisés par ceux qui disposaient d'un peu d'argent. Les Allemands arrivés, toute circulation devient

---

(1) Monsieur le Maire de Charleroi. — Je viens réclamer de votre obligeance le service qui suit. Nos deux communes situées à la frontière belge sont habitées par de nombreuses familles belges. Or par suite des mouvements de troupes il nous est impossible de faire venir de la farine de Mézières. Je viens vous demander de vouloir bien autoriser ou au besoin...

interdite. Il faut vivre sur ses disponibilités. Malgré un rationnement transitoirement fixé à 400 grammes de pain le 2 septembre, la réserve de farine n'est plus assurée chez le boulanger que pour huit jours. Quelques tentatives périlleuses des habitants pour se procurer du pain dans les communes belges mieux favorisées n'aboutissent à rien. (J'en fis une le 18 septembre, mais mes 35 kilomètres ne me valurent qu'un appétit aiguisé, des refus et 125 grammes de beurre.)

Une consommation plus ample de légumes, surtout de pommes de terre rend le problème plus lointain, mais pose de sinistres points d'interrogation pour l'avenir. Il faut à tout prix agir et utilisant ce dont on dispose, chercher à l'augmenter. La maigre récolte rentrée n'est point encore battue. Une note aux cultivateurs les « invite à faire battre de suite les céréales qu'ils possèdent et qui leur seront demandées au fur et à mesure des besoins » (1-9-1914).

Une démarche est faite pour moudre au moulin de Hierges ; cette démarche est repoussée. Il y a bien au pays un vieux moulin à eau mais inutilisable sous cette forme. Le réservoir d'eau est en partie comblée, la roue gît lamentablement, pourrie. Mais les meules sont bonnes. Le maire en ordonne l'adaptation. Un moteur à essence se trouvant dans une brasserie est amené. L'essence est réquisitionnée dans les magasins qui n'en possèdent hélas ! que très peu. Enfin le 10 septembre le moulin se trouve en état.

Mais afin de parer à toute éventualité et pour constituer une infime réserve, il avait fallu dans l'entretemps procéder à une opération bien difficile. Le 3 septembre au matin, les habitants lisaient sur les murs de la mairie cependant que le sonneur en scandait les termes : « En raison des circonstances, et « pour assurer l'alimentation en attendant que le « moulin fonctionne, je vous prie de bien vouloir faire

« remettre à une boulangerie toute la farine que vous
« possédez. Celle-ci vous sera soldée par le boulanger.

« *Le Maire.* »

L'avis cause une hostilité déclarée, mais néanmoins
les prescriptions s'exécutent en partie. Une provision
est conservée, le reste est livré, et le 5 septembre nous
nous trouvons en possession de 2.000 kg. de farine
alors que chaque jour en demande 450 kg.

Le 10 septembre le moulin fonctionne. Il donne par
jour 4 à 5 quintaux d'une farine à demi-écrasée,
mélangée à des débris de paille. Le pain en est mauvais,
lourd et dur, difficilement cuit ; il éraille le gosier,
l'estomac de ses pailles, et nous passons une demi-
heure à nous débarrasser les dents des barbes qui s'y
sont encastrées. Mais enfin ce pain est une réalité
malheureusement trop instable. Le moteur ou
l'installation refusent parfois le travail. Le grain
manque ; l'essence manque souvent aussi malgré les
recherches de plus en plus pénibles. Et bien des jours
n'amènent pas leur pain. En octobre il fit défaut huit
jours de suite...

Mais le grain s'épuise et au 31 octobre, nos disponibilités sont utilisées cependant que les recherches
faites dans les communes belges voisines, produisent
de moins en moins. Afin de prolonger, la municipalité
fait ajouter à la farine de la farine de haricots, et
achète des féverolles, que l'on doit sécher au four
avant de les moudre. Le pain devient difficile à cuire.
Il reste très humide, pâteux comme du mastic, lourd
au point que la ration devient très petite comme
volume, et peu friand. Beaucoup d'habitants en
mangent la croute assez bonne, puis en prennent la
pâte qu'ils font recuire. Ceux qui ont pu se procurer
quelques poignées de seigle précieusement recueillies
dans les chaumes, le broient dans le moulin à café,
puis à l'aide d'une toile à canevas le blutent grossière-
ment. Le gros son enlevé servira à préparer un pain

d'épice douteux. La farine et le son plus fin entreront tels que dans la confection de galettes grossières.

Mais ce ne sont là que des moyens de fortune, le maire aidé de quelques bonnes volontés qui ont répondu à son appel se voit devant la tâche lourde et ingrate de trouver mieux. Des démarches sont faites pour trouver de la farine à Hastières, d'abord, mais l'autorité militaire y oppose son veto. Une fausse joie est causée par une note de la Mairie de Givet :
« Aussitôt qu'il sera possible, on peut avoir de la farine
« au moulin de Signy-l'Abbaye. Il faut se procurer une
» permission de la Commandanture de Rocroi. 250
« grammes par jour seront accordés par tête aux prix
« de 1 kg. farine de blé 48 pfennigs ; 1 kg. farine de
« seigle 47 pfennigs. »

(note mairie de Givet, 17 novembre 1914.)

Mais une démarche tentée à la Commandanture suprême de Rocroi reste sans résultat. Les jours sans pain se succédaient de plus en plus rapprochés. Les pommes de terre commençaient à manquer malgré les efforts faits par la commission des vivres pour en acheter. L'autorité allemande ne s'émeut nullement de la situation qu'elle aggrave d'ailleurs en imposant à la commune l'obligation de nourrir un détachement. En vain les maires des deux communes jumelles supplient :

12 novembre 1914.

« Monsieur le Gouverneur civil à Rocroi,

« Les maires des communes de Vireux-Wallerand et
« de Vireux-Molhain soussignés ont l'honneur de vous
« exposer que leurs deux communes réquisitionnées
« en premier lieu par l'autorité militaire française et
« ravitaillant actuellement le détachement allemand
« de Vireux, n'ont plus ni grain ni farine pour l'ali-
« mentation de leurs 4.000 habitants. Par suite de
« l'interdiction imposée aux communes françaises et

« belges de laisser sortir les objets d'alimentation, nos
« deux communes vont se trouver aux prises avec la
« plus profonde détresse. Ils viennent vous supplier
« Monsieur le Gouverneur, de compâtir à leur misère
« en les autorisant d'acheter grains, farines ou pommes
« de terre dans les communes françaises et belges plus
« favorisées. »

Le Maire de Vireux-Molhain,
Le Maire de Vireux-Wallerand.

Que nous soyons dans une triste situation, la
Commandanture le reconnaît. Mais quant à nous aider,
c'est autre chose. Avec un cynisme révoltant, elle nous
écrit le 16 novembre :

« Puisque votre pain n'est pas bon en ce moment,
« vous donnerez un sac de blé au lieu de 34 pains de
« trois livres. »

Le Commandant : WERNER.

Néanmoins hypocrite, elle semble prendre notre
situation en considération, et recommande au maire
de s'adresser à la Suisse. Voici la lettre écrite d'après
cette recommandation :

« 26 novembre 1914.

« Monsieur le Président du Gouvernement Fédéral
 « de la République Helvétique. (Aux bons soins
 « de M. le commandant d'Etape à Rocroi),

« J'ai l'honneur de vous exposer que ma commune
« qui compte 1.440 bouches à nourrir se trouve dans
« la misère la plus complète, par suite des réquisitions
« faites en premier lieu par les troupes françaises et
« ensuite par l'autorité militaire allemande dont un
« détachement occupe le pays. L'autorité allemande ne
« veut admettre pour elle l'obligation de pourvoir au
« ravitaillement de la commune d'autant mieux que
« l'Angleterre cherche à couper à l'Allemagne les
« arrivages d'outre-mer. Nous manquons totalement
« de grain, charbon, farine et pétrole. La Suisse

« toujours généreuse, qui a secouru Strasbourg
« pendant la guerre franco-allemande, ne restera pas
« sourde à notre appel. Au nom des habitants de ma
« commune, je fais appel à la générosité du gouverne-
« ment suisse pour nous ravitailler le mieux qu'il
« pourra. Ses secours seront acceptés avec reconnais-
« sance.

« Avec tous mes remerciements, etc...

Le Maire.

Nous ne fondons aucun espoir sur l'issue de cette
requête. Il est vrai que, au moment où l'horizon
s'éclaircira, la Commandanture offrira de la farine
provenant des stocks français de Charlemont, mais
payable *seulement* en or et en argent. Après transac-
tion nous recevrons le 28 décembre 3.000 kg. et le
2 janvier 4.000 kg. payables 1/4 en espèces, et 3/4 en
billets de banque.

Mais en attendant il faut trouver mieux et tourner
ailleurs ses efforts. Et un homme généreux accepte
d'aller porter en haut lieu nos doléances. Le 7 novembre
il demande une entrevue au Gouverneur militaire à
Givet.

« Dès maintenant, écrit-il, la misère et les privations
« sont terribles. Je pense qu'il n'y a qu'un moyen de
« remédier à cette triste situation, c'est d'obtenir
« l'autorisation d'introduire dans la vallée de la Meuse
« des produits alimentaires provenant de la Belgique. »

Le manque de pain est de plus en plus continu, mais
il obtient l'autorisation demandée et après de multiples
démarches, agissant ou faisant agir à Bruxelles, il finit
par aboutir.

A partir de janvier 1915, la commune est ravitaillée
en farine d'une façon continue par l'organisme
américain *Commission for relief in Belgium*. Un
acte administratif nous incorpore à la Belgique, dont
nous jouissons des avantages. Le noyau local qui
s'était constitué pour s'occuper de la question devient

le Comité Local d'Alimentation qui applique les
réglements de la Commission, distribuant du pain
d'abord, 300 grammes par jour, puis peu à peu
s'adjoignant d'autres vivres pour devenir le seul
commerçant de la commune, et heureusement
complètement à l'abri des inquisitions allemandes (1).
La salle des fêtes est aménagée en magasin, et durant
de longs mois la place qui s'étend devant cette salle va
devenir le centre de la vie commune.

Cette question du pain solutionnée après quatre
mois d'efforts fut la plus grave : nous sommes grands
mangeurs de pain. Mais la pénurie fut grave en tout.
Parallèlement à la recherche de farine, la Commission
acheta aussi des pommes de terre. La récolte indigène
de 1914 permettait un ravitaillement normal pendant
3 mois environ, mais la brèche causée par une
consommation excessive et obligée avait restreint
cette durée. Pas de viande fraîche ; notre troupeau est
maigre ; mais les réquisitions l'entament et quoique
l'autorité militaire n'ait pas interdit l'abatage du
bétail, en fait aucune boucherie ne put fonctionner.
Enfin pour les autres denrées, les magasins vidés
avant même l'invasion ne purent jamais se réappro-
visionner vu l'interdiction de la circulation et les seuls
achats possibles s'effectuaient chez des revendeurs qui
bravant toute défense parvenaient encore à se procurer quelques rares et coûteuses marchandises.

Nous fûmes même quelques jours sans sel. Le
maire envoya un courrier en demander à Rocroi
(2 novembre), mais sans résultat et nous en fûmes
réduits à utiliser ce sel gris que l'on donne aux bestiaux
dans les pâturages.

____

(1). — Le Maire au chef du détachement allemand. — [J'ai]
« l'honneur de vous informer que les instructions du Comité
« américain m'interdisent de vous fournir du pain. Si
« j'outrepassais les instructions du Comité, la commune
« serait exposée à ne plus être ravitaillée. »

                                        « Le Maire. »

Le charbon manqua vite aussi. Mais notre commune possédant 1.600 hectares de bois, la pénurie de combustibles fut sans gravité. Quoique l'autorité militaire ait édicté le 24 octobre qu'il était formellement interdit de pénétrer dans les bois sous aucun prétexte, on continua à couper du bois et la Commandanture de Givet finit par atténuer les prescriptions. Par ses instructions du 5 décembre, il fut permis de couper du bois et de le rentrer avec un passeport.

Une privation très sensible fut celle du pétrole, vu l'époque. Nous n'avions pas alors l'électricité. De plus au mois d'août les jours sont encore longs et les commerçants n'avaient pas fait de provision de pétrole. Peu de provision aussi chez les habitants. Au début elle est ménagée. La petite veilleuse n'est allumée qu'à l'heure des repas ou de leur préparation. Comme on a peu à faire, pas de journal à lire, on cause ensuite la face éclairée par le rougeoiement de la flamme, le couvercle du poêle étant à demi-ouvert. Puis comme la provision s'épuise on devient ingénieux. L'un fabrique avec de la cire qui n'attendait pas un tel destin des bougies grossières qui fument et empestent. D'autres font une veilleuse d'une mèche de coton qui barbotte dans l'huile rance, ou dans du saindoux. Un soir, à court de tout expédient, il me souvient d'avoir éclairé l'épluchage des pommes de terre avec de grandes allumettes de sapin successivement enflammées. L'ennui durant ces longues soirées est mortel. Hélas ! il n'est pas notre seul tourment.

PREMIER CONTACT

Pendant que se déroulait cette lutte contre la famine, l'autorité allemande s'installait et s'affirmait. Nous étions coupés depuis le 25 août, mais nous dûmes à notre position particulière d'être préservés de l'autorité terroriste des premières troupes allemandes, lesquelles avant tout troupes de combat, ne passaient et ne s'installaient que sur des routes utiles à leur marche, chemin jalonné de ruines destinées à garantir leur sécurité. Or le pont sauté mettait obstacle au déversoir naturel de Belgique plus pratiquement dirigé sur Fumay. Et alors nous ne fîmes que les voir passer sur la route Nationale longeant la Meuse à Vireux-Molhain après la chute de Charlemont le 31 août. Le matin de ce jour nous fûmes d'ailleurs édifiés.

Une patrouille vint ordonner aux habitants d'évacuer le village, les Allemands se disposant à bombarder Charlemont qui pourrait répondre et détruire le pays. Les habitants s'enfuirent et de nos maisons nous vîmes la réédition du 24 août à Vireux-Wallerand, la fuite s'égrenant sur les sentiers du Mont Vireux.

Le bombardement n'était qu'un prétexte. Et nous assistâmes tremblants au pillage, qui, commencé le soir, se déroula toute la nuit. Les portes furent enfoncées, le linge, quelques beaux meubles enlevés. Dans la nuit, dominant les chants, les hurras, les « Nach Paris » avinés de ces brutes, s'élevèrent des hurlements sinistres de porcs, de veaux égorgés dans les rues. Puis à ces victimes sauvagement immolées, poussant des cris de souffrance atroce, les soudards enlevèrent quelques jambons, laissant le reste pourrir sur la chaussée. Le matin nous ne vîmes que les restes de ce sac affreux. Cependant qu'une patrouille descendue d'Hargnies offrait de payer le verre d'eau qui lui fut donné comme boisson.

Dans la journée les habitants de Vireux-Molhain purent rentrer, Charlemont s'étant rendu. Le passage commença. 12.000 soldats défilèrent dans les rues, et affirmèrent leur puissance en enfermant les hommes à l'église.

Le lendemain tout est calmé, mais les Allemands inaugurent leurs rapines à Wallerand par le vol d'un cheval sans toutefois en aviser la mairie.

Ce n'est que le 8 septembre que s'établit le premier contact officiel : un ordre de réquisition transmis par la mairie de Vireux-Molhain.

« Par ordre du Commandant militaire, MM. M. & C., « aiguilleurs à la bifurcation, doivent se trouver à « 22 heures en gare de Vireux-Molhain. »

Mais bientôt le passage cesse. Aux troupes de combat succèdent les troupes d'étape. Une Inspection d'Etape (Mobilen Etappen Kommandanture) s'installe à Rocroi, d'où le Général Litzmann, lance ses proclamations. Un Gouverneur militaire est installé à Givet dont il fait sa sous-préfecture pour la transmission des ordres concernant le canton. Le Gouverneur sera bientôt cette brute alcoolique SCHULZ, lieutenant dépourvu de toute retenue qui parodiant son illustre professeur Bethmann-Hollweg, répondait en réunion à Givet : *Les conventions, je m'asseois dessus.* (Réunion des maires du 8 décembre). Enfin, dans l'école de Vireux-Molhain s'installe une Commandanture locale. Les « Ortscommandant » se succèdent. C'est Werner, c'est Tauefert. Ce sera plus tard un vieux rengagé à cheveux blancs, capitaine de 1870, Wilson.

Toujours à cause du pont détruit, nous avons peu de rapports avec eux. Des soldats viennent réquisitionner, mais ce n'est que le 28 septembre que s'étale sur les murs la première prescription allemande dont l'origine est assez tragique.

La veille, la quiétude relative de la commune est troublée par une fusillade très vive qui éclate du côté de la gare. Vite chacun rentre chez soi. Et dans les maisons closes, toutes lumières voilées, on attend anxieux. La fusillade continue jusque 21 heures, puis tout s'éteint brusquement. Le silence se rétablit plein d'angoisse. La nuit se passe tranquille. Mais le lendemain un officier allemand accompagné de quatre soldats en armes, vient chez le Maire et d'un ton rogue déclare : « *Des civils ont tiré.* »

Il menaça d'incendier le village.

Le Maire bataille avec lui, se défend âprement pour que les habitants, non coupables, ne soient pas effrayés. Et tout en discutant, il écrit lui-même le texte de la proclamation que finalement l'officier signe en maugréant :

« Par ordre de l'autorité militaire allemande, à « partir de ce jour, il est défendu aux habitants de « Vireux-Wallerand de passer la rivière de 7 heures « du soir à 5 heures du matin.

« Aucun habitant de Vireux-Wallerand ne doit « séjourner la nuit à Vireux-Molhain. Toute contra-« vention sera sévèrement punie.

« En tout temps, il est interdit de circuler sur les « voies de chemin de fer. Toute personne qui « entraverait la circulation des trains sera fusillée. Si « les coupables ne sont pas connus le village et les « villages voisins seront soumis à une contribution de « guerre. »

Administrativement, c'est tout. Occupée par une question très importante pour elle, la dispersion de la Colonne Fantôme, l'autorité militaire n'arrête aucun règlement nouveau avant le 9 novembre : c'est l'objet d'une proclamation adressée par le Commandant d'Etape.

« Ci-jointe vous recevrez la proclamation du « Général en chef de la 3ᵉ Etape pour l'afficher dans « votre commune. Les habitants sont obligés d'obéir « strictement à ce qui est contenu. D'ailleurs on vous « fait savoir le suivant :

« 1. — Les provisions de foin de votre commune sont « soigneusement réservées et détachées plus tard en « partie pour l'armée d'Allemagne. Prenez garde qui « est strictement défendu d'y toucher.

« 2. — Vous rapporterez combien de blées ne sont
« battues il y a dans votre commune.

« 3. — De même combien de pommes de terre il y a
« encore au champ. De les vendre n'est pas permis.

« 4. — Colporter des marchandises est interdit
« également.

« 5. — De plus vous annoncerez combien de moulins
« se trouvent encore au territoire de votre commune,
« si l'on y travaille encore et combien de blée y est
« moulu par jour et combien on pourrait y moudre
« encore.

« 6. — Pour cultiver les champs de votre commune
« vous achèverez les choses indispensables. En temps
« que l'on ne cultive pas les champs, vous êtes obligés
« d'en informer la commandanture et de faire savoir
« pourquoi on en laisse la cultivation.

« 7. — Des nourritures et provisions de votre
« commune vous ferez des registres desquels on jugera
« combien possède chaque habitant. Les registres
« seront suppléés et répondront de la perte ou de
« l'accroissement. Leurs copies nous aurons jusqu'au
« 15° de chaque mois. Vous êtes obligés de employer
« tous moyens pour les conduire tout exactement afin
« que le résumé soit visible exactement.

« 8. — Toutes les munitions existantes dans votre
« commune et tous les milieux à leur préparatif
« spécialement de poudre seront signalés dans les
« trois jours à la Kommandanture pour éviter la peine
« déjà avisée.

   (Texte intégral.)

Kommandantur de Rocroi.
Général LITZMANN.

Enfin il est interdit de quitter le village.

« J'invalide les passeports que j'ai signé ce soir. Je
« défends avec ceci de quitter le village aux habitants. »

TAEUFERT, Ortscommandant.

Ce même commandant avait d'ailleurs interdit la
circulation dans les rues après 7 heures du soir.

LA COLONNE FANTOME

La sinistre auréole de terreur dont s'était entourée l'armée d'invasion étant le sûr garant de la soumission effrayée des populations, l'autorité militaire put s'occuper entièrement de la tâche d'assurer ses derrières, tâche assez délicate dans une région aussi propice aux embuscades.

A la suite de l'encerclement de la région givetoise et de la rapidité même de la retraite française, un certain nombre de soldats français avaient perdu leur régiment et erraient dans les bois profonds. Ils trouvaient chez l'habitant un ravitaillement facile, voire même le logement. Convaincus comme nous d'ailleurs que l'occupation ne serait que passagère, en général hardis gaillards, ils avaient formé le projet de nuire aux Allemands et de continuer la guerre pour leur propre compte. Ils avaient fusils et munitions et même une mitrailleuse. Sous la conduite de camarades du pays, de ce malheureux 148ᵉ R. I., ils se déplaçaient dans les bois, vraie colonne fantôme, comme l'avaient appelée les Allemands.

L'un d'eux ne voulait-il pas faire sauter la gare de Vireux-Molhain. Un autre groupe tenait la route de Givet à Bauraing et ne craignait pas de s'attaquer aux autos allemandes.

Aussi les maires recevaient-ils le 11 octobre l'ordre suivant :

Les communes sont obligées de notifier au prochain commandant allemand tous les membres de l'armée française qui se trouvent dans les communes. Cette obligation a rapport aux hommes blessés, aux valides en uniforme ou en civil. Les maires ou leurs remplaçants, les fonctionnaires qui oublieront de faire cette notification seront punis sévèrement.

Le Général en chef de la 3ᵉ Etape.

Evidemment le Maire fournit un rapport négatif. Il dit avoir fait une enquête dans la commune et ne connaître aucun *évadé* ni *déserteur*. (Rapport du 12 octobre).

Dans le but d'essayer les mesures terroristes auprès des habitants, un nouvel ordre est affiché le 17 :

Toute personne connaissant leur retraite (à ces soldats) est obligée de signaler sur le champ. Il est aussi recommandé aux commerçants de ne délivrer leurs marchandises qu'aux personnes notoirement connues comme habitant la commune. En s'abstenant de contrôler l'identité, ils s'exposent à de graves inconvénients. Il est interdit sous les peines les plus sévères de les loger, de les ravitailler, ou de les cacher.

Et une surveillance, qu'heureusement le dédale des sentiers de nos forêts rendit presque vaine, s'exerça pour traquer les délinquants. Le 14 novembre, sur le vu des noms trouvés dans des papiers abandonnés dans une hutte, le maire et une femme du pays furent même arrêtés. Mais faute de preuves, la Justice allemande, ô ironie, les relâcha deux jours après sans se douter du rôle qu'ils avaient joué.

Quoique de temps en temps, l'un de ces soldats se fit prendre, l'autorité dut en venir à des mesures moins platoniques. Elle constitua une troupe spéciale qu'elle lança à leur recherche.

L'avis suivant, affiché jusqu'aux limites les plus reculées que la saine bravoure permettait aux Allemands d'atteindre, marque assez leur embarras.

Extrait de l'AMI DE l'ORDRE, journal belge publié sous le contrôle de l'autorité militaire allemande. N° du 18 octobre 1914 :

Des troupes françaises qui au début de la guerre avaient entré dans le sud de la Province (de Namur), n'ont pu s'en aller toutes et un détachement coupé du reste de son armée s'est réfugié dans les bois. Ils sont là 140 hommes à peu près qui continuent la guerre pour leur propre compte, mais dont le nombre décroît tous les jours en raison des captures faites de ci de là.

A cette poignée de soldats, l'officier allemand chargé de les poursuivre a adressé le 16 octobre une proclamation affichée à Beauraing et dans les communes voisines :

A l'officier français, au sous-lieutenant et soldats (140 hommes environ) cachés dans les forêts des Ardennes françaises et belges,

« Nous savons où vous étiez les 13, 14, 15, 16. Nous connaissons les endroits où vous vous cachez et ceux où vous vous rendez la nuit, où vous allez chercher des vivres. Nous avons aujourd'hui fait prisonniers de vos camarades qui étaient exténués et démoralisés.

« Nous savons qu'en partie vous êtes déguisés en civils, qu'en partie vous êtes en militaires, que vous avez des armes et des munitions, des cartes et des boussoles pour vous orienter. Nous avons la description générale de vos personnes et surtout celle de l'officier qui vous commande.

« Nous vous prévenons que nous avons strictement défendu aux communes, aux moulins, aux fermes et aux habitations isolées de vous donner des renseignements et des vivres sous peine d'être faits prisonniers et même d'être fusillés. Nous battons les bois avec 3 Compagnies d'Infanterie et un escadron de uhlans ainsi que 3 mitrailleuses pour vous déloger tous. Nous sommes aidés par des chiens policiers pour vous retrouver tous.

« Nous reconnaissons votre énergie et votre courage pour défendre votre pays avec honneur. Nous reconnaissons particulièrement la bravoure de l'officier qui vous commande et son dévouement vis-à-vis de ses hommes et de son pays. Nous lui demandons de ne pas sacrifier inutilement la vie de ses frères d'armes ni celles des habitants du pays hospitalier belge où ils sont.

« Nous comptons qu'il viendra en civil et sans armes en parlementaire avec le drapeau blanc chez M. le Bourguemestre de Beauraing et lui jurons qu'à défaut de s'entendre après cette entrevue il pourra librement retourner vers ses hommes.

DIRNBAUM,
Commandant du détachement
lancé à la poursuite des Français égarés dans les bois.

Nos soldats n'avaient pas attendu ces ordres pour agir. Ils se rendaient compte de l'inutilité obligée de leurs efforts, la vie devenait de plus en plus difficile pour eux. Avec le temps, la surveillance entravait leur ravitaillement. Le froid les trouvait sans abri. Aussi déjà bien avant cet ordre, ils avaient essayé de regagner notre armée.

La frontière hollandaise n'étant pas encore gardée et barrée par des fils électriques qui plus tard devaient en interdire la traversée, beaucoup réussirent dans leur dessin. Quelques-uns se firent prendre et vers le 15 novembre, il ne devait plus en rester dans les bois de Vireux-Wallerand.

LES ARMES

Concurremment à cette question, l'autorité militaire fit la chasse aux armes.

Dès les premières heures de la guerre, il avait été ordonné aux habitants de déposer à la Mairie toutes les armes en leur possession et celles-ci rassemblées dans des caisses fermées avaient été placées dans un bâtiment communal. Dans les communes voisines occupées dès les premiers jours, le premier commandant allemand en avait exigé la livraison immédiate et à Vireux-Molhain, par exemple, après s'en être emparé, les avait emportées. La Meuse fit obstacle pour nous à ces mesures, et ce n'est que le 13 octobre que l'autorité militaire y songea. Elle fit alors afficher :

Les habitants sont informés que le Commandant militaire fera perquisitionner chez l'habitant pour retrouver les armes non encore rendues à la mairie jusqu'à ce jour...

Les recéleurs seront sévèrement punis.

Or, quelques armes avaient été conservées ; la menace de perquisition affolait les habitants. On racontait qu'en perquisitionnant, les Allemands faisaient main basse sur tout ce qui leur semblait précieux. Aussi l'après-midi, combien de trous furent creusés dans les jardins. On enfermait dans des bocaux les papiers, l'or, l'argent. Puis le bocal soigneusement cacheté à la cire était enfoui dans la terre. Ensuite un repiquage de poireaux essayait de dissimuler la cachette, mesure puérile que rendait d'ailleurs illusoire la trop grande abondance de ces « caches », car bouteilles de vin, draps de lit, linge précieux allèrent vite rejoindre les premiers dépôts.

Fort heureusement, aucune perquisition n'eut lieu. Le maire avait répondu :

Les armes de chasse sont en caisses fermées dans un bâtiment communal.

Le silence se fit sur la question et après bien des hésitations force fut de sortir le linge déjà moisi, les pots de beurre en décomposition. Quant au silence, il fut vite troublé et le 8 décembre, le lieutenant Schall, gouverneur à Givet, lançait un nouvel avis « très important » :

Il existe encore des armes chez les habitants. Ceux qui ne les rapportent pas aux maires craignent sans doute une punition. En conséquence, il est prescrit ce qui suit :

1º Toutes les personnes qui auront rapporté leurs armes dans la mairie de leur commune jusqu'au 12 inclus seront indemnes de toute punition.

2º Passé ce délai, toute personne chez qui des armes seront trouvées sera punie avec la dernière rigueur.

Lieutenant SCHALL,
faisant fonction de Gouverneur de Givet.

Quelques perquisitions menées d'ailleurs très mollement par des vieux Landsturm restèrent sans résultat.

Aucun acte de malveillance ne fut commis : la note du 5 décembre en avait fixé les terribles représailles :

« Le village serait incendié »

La question s'éteignit sans que les armes eussent été enlevées : cette omission devait procurer quelques émotions au maire en 1915 et être réparée en 1916.

LA SURVEILLANCE DES CIVILS

L'attaque brusquée des Allemands, l'encerclement rapide de la pointe de Givet dès le 22ᵐᵉ jour de la mobilisation avaient empêché le gouvernement d'appeler tous les hommes mobilisables. Les empêcher de rejoindre fut la tâche à laquelle s'employa l'autorité allemande.

Dès le 11 octobre, alors qu'à peine la pensée sérieuse d'une occupation assez longue... jusqu'à Noël ! s'ancre dans nos esprits, elle provoque la formation de listes qui lui signaleront ces mobilisables. L'enquête porte à faux. Sommé de faire un recensement, le Maire fournit une liste des hommes qui ont servi comme garde-voies et ont été réformés (rapport du 21 octobre.)

Le 24 octobre, une nouvelle sommation coupe court à toute ambiguïté :

Tous les membres de l'armée française, les conscrits des classes 13 et 14, les ajournés, les réformés, qui se trouvent dans le territoire occupé par l'armée allemande devront se présenter sans délai au bureau communal.

Les maires où leurs remplaçants sont obligés de présenter immédiatement au commandant allemand la liste des nommés. Il est strictement défendu aux nommés de quitter leur résidence. Ils seront tenus de travailler sous les ordres des commandants allemands. Tout contrevenant à cet ordre sera arrêté et puni par la loi martiale.

LITZMANN,
Commandant en chef de la 3ᵉ Etape.

« Tenus de travailler » dit l'ordre. L'effroi s'empare des familles. Où fuir ? D'autre part quel est ce travail? La crainte est si grande que le maire recommande à ses concitoyens de ne pas s'effrayer. L'incertitude, la frayeur non encore vaincue, l'inclémence du temps empêchent les évasions, et peu à peu la liste se constitue.

La Commandantur s'en sert immédiatement pour convoquer une partie des inscrits. Ils aideront à l'établissement du pont de bois que les pionniers construisent entre les deux pays. Elle borne sa surveillance pour l'instant à la possession de cette liste, mais d'autres mesures viendront, lorsque la crainte ira en décroissant.

RÉQUISITIONS

Ces questions d'administration n'entravent nullement les réquisitions. Commencées le 2 septembre par le vol d'un cheval, elles vont s'amplifiant, marée montante d'ordres brutaux, indiscutables, d'exécution immédiate malgré les hypocrites : « Je vous prie de fournir » qui en sont le cliché.

Le 1er septembre, alors que la veille le vin a coulé à flots dans les rues de Vireux-Molhain, un bon de réquisition constate que « 15 flacons de vin rouge ont été envoyés par le Lieutenant L ? à l'Etappen Sanitats Dépôt de Rethel. »

La chasse au vin est vite organisée d'ailleurs et alors que 2.260 bouteilles ont été déclarées le 14 novembre, 1667 sont enlevées les 23 et 27 novembre sans compter les trouvailles faites dans des cachettes pourtant bien scellées. Nous aussi faisons la guerre au vin et au nouvel an, il n'en existe plus.

Notre cheptel est écorné :

« Monsieur le Maire doit fournir 2 porcs et une voiture pour les conduire à Fumay », n'est qu'un épisode de cette rafle qui nous coûta 26 bêtes.

Le détachement, qui se loge à Wallerand, se fait nourrir... et ces Messieurs font le difficile ainsi qu'en atteste leur mépris pour notre pain. Nous ramenant aux temps féodaux, ils rétablissent la dîme, réclamant « 4 à 5 kilos de lard par porc abattu ». (Note du 28 septembre).

En octobre, le petit détachement n'a utilisé que 1.350 kilos de pommes de terre, 368 kilos de pain et 19 litres de vin, dit le bon de réquisition que quintuple la réalité.

La nourriture ne dispense pas du logement. Les soldats ont été logés dans les maisons vides :

« M. le Maire de Vireux-Wallerand fournira pour « nos soldats 15 lits avec matelas et couvertures. »
10 novembre.

THOMAS, sergent-major.

Rien ne trouve grâce. Journellement les voituriers sont réquisitionnés avec leurs attelages. Les appareils téléphoniques doivent être réunis à Givet (28 octobre). « Toute infraction sera sévèrement punie ».

Les pigeons doivent être tués immédiatement (28 octobre) et le 14 décembre :

« Celui qui gardera des pigeons malgré la défense « sera sans plus tarder considéré comme espion, et « traité d'après les lois martiales, passible de la peine « de mort. »

Lieutenant SCHALL,
Commandant à Givet.

La punition s'applique-t-elle à ces pigeons qui durant deux mois narguèrent l'autorité du haut du clocher de Wallerand ?

Puis viennent les bicyclettes. Le 21 octobre, la Commandanture de Givet en interdit l'usage, et, pour éviter la tentation, ordre est donné le 28 de déclarer et le 14 novembre de livrer les bicyclettes désormais inutiles :

« Toutes les bicyclettes seront remportées de suite
« à la mairie et ensuite à la gare ».

TAEUFERT, commandant.

On a bien caché son argent, ses provisions. Mais
cacher des bicyclettes est bien difficile. D'ailleurs
quelques perquisitions sont faites, et le 15 novembre
l'ordre est exécuté.

Quoi, cette fois ? les instruments de musique ! C'est
au bruit d'une sarabande effrénée exécutée avec des
instruments de l'Harmonie de Vireux-Molhain qu'avait
été inauguré dans la nuit du 30 septembre au 1er octobre
le pont de bois entre les deux communes.

Le 12 décembre, une note de la mairie de Givet
demande d'indiquer d'urgence le nombre et la nature
des instruments de musique qui se trouvent dans
notre commune (cuivre, bois, violons.)

Evasive, la réponse : « Il y a des instruments en
cuivre, en bois et quelques pianos »,

Amène un ordre plus positif : « Il faut que tous les
« instruments de musique viennent à Givet, exceptées
« les pianos, les gramophones et les accordéons ; je
« demande que vous les laissiez amasser.

TAEUFERT, commandant.

Que se passa-t-il à ce moment ? Je ne sais. Toujours
est-il que les instruments ne partirent point.

Et pour clôturer l'année, le 31 décembre, le 63e
Landsturm Infanterie enlève les hache-paille chez les
cultivateurs.

Entre temps l'autorité militaire procédait à des
recensements. Successivement furent demandés les
« relevés des existants » en barques, ânes, bêtes à
cornes, ustensiles en fer, avoine, bétail abandonné,
bois de chauffage, moteurs, cartons bitumés, scieries,
batteuses, appareils de T. S. F.

LES FAUSSES NOUVELLES

Ballotés entre ces divers ordres, sans cesse effrayés par les sonneries de l'appariteur, nous vécûmes quatre tristes mois. Et la misère physique, matérielle de notre vie ne fut rien encore auprès de la torture morale. Les premiers jours de l'occupation, tout entier occupés par les récits d'atrocités commises autour de nous, par le souci de la vie, de la faim, avaient anéanti l'âme : seul le corps vivait et toutes nos pensées n'avaient qu'un mobile, l'instinct de conservation. Mais bientôt le moral reprit ses droits. Deux questions s'imposaient surtout, terribles : où sont nos armées, que deviennent ceux des nôtres dans l'horrible mêlée ?

Aucune nouvelle ! Et toujours ce cauchemar : où sont nos armées ? où s'est arrêté leur recul ?...

L'immense déception nous a anéantis. Pourtant aucun doute : rares sont ceux qui pensent à la défaite. Aussi les nouvelles les plus absurdes sont acceptées : la raison, la réflexion, fadaises que tout cela. Un jeune homme apprend la chute de Reims : il doit se taire, il se ferait lyncher.

Les Allemands connaissent notre état et n'ont garde d'y rien changer : ils nous inondent de soi-disant dépêches officielles que nous nous communiquons dans un secret puéril et que tous nous admettons à première lecture et d'autant plus facilement que leur origine est plus mystérieuse.

La première de ces « dépêches » est typique :

10 septembre. — Officiel envoyé par T. S. F. au Maire d'Hargnies par un Colonel français : L'Autriche se sépare de l'Allemagne. L'Autriche a contre elle l'Italie. Les quatre drapeaux alliés flottent sur Berlin. Le Tsar donne 48 heures à Guillaume pour cesser les hostilités.

Pourtant chez quelques-uns la réflexion travaille. Peu à peu l'absurdité de la nouvelle apparaît! Mais à nouveau l'espérance a été réchauffée. Et ainsi l'occupation est supportée. Elle finira pour la Toussaint. Pour Noël recule un peu l'échéance.

Les usines, faute de matières premières, ont dû fermer leurs portes. Et les journées s'allongent, oisives, propices aux conciliabules qui troublent les têtes, qui chargent la réalité.

Peu à peu, l'espérance tombe. Et la chute est terrible. Les uns, farouchement, conservent leur optimisme, mais ou l'acceptent sans débat et se heurtent aux réalités malheureuses, ou alors s'imposent la pire recherche d'éléments qui manquent. Les autres commencent à douter.

Et lorsque l'infâme *Gazette des Ardennes* parvient à nous, quel terrain propice elle trouve. Son premier numéro contient des documents importants. Ne tend-il pas à prouver la violation de la neutralité belge, par la Belgique même? Il faut avoir durant de longues heures cherché en vain à percer les ténèbres pour s'imaginer ce qu'est cette torture du doute qui tenaille.

Et nos soldats? Dorment-ils déjà dans un coin du champ de bataille? Souffrent-ils de douleur et d'inquiétude sur la blanche couche de l'hôpital? Sont-ils prisonniers et ont-ils faim, froid? Sont-ils maltraités? Eu quel coin de la mêlée est-il, le brave qui, le fusil à la main, arrête et repousse le Boche, tandis que son âme inquiète cherche à démêler dans le vent d'Ardenne le souffle de ceux qui lui sont chers et dont il ne sait rien.

Peu à peu des renseignements se colportent. L'un d'eux est tombé à Dinant. Un autre repose dans le cimetière de Coucy. Nos pauvres douaniers sont exhumés de Charlemont qui deux mois a gardé son secret et entretenu et l'espérance et la crainte. Et la

funèbre liste s'allonge et les fronts se voilent de crêpe
et les yeux se mouillent de larmes. Le foyer épargné
attend son tour.

Oh ! tristes soirées de cet hiver 1914 ! Ce n'est que le
20 décembre qu'un journal édité sous le contrôle de
l'autorité allemande, vint nous apprendre où était le
front. Et ce jour qui marqua pourtant bien des
déceptions calma néanmoins notre incertitude et notre
exaltation.

Mais hélas ! que de jours encore devaient s'écouler
avant que ne tombe complètement le voile qui venait
de s'entr'ouvrir.

DEUXIÈME PARTIE

Sous l'Autorité du Gouverneur général en Belgique

Janvier 1915-Janvier 1918

LE RÉGIME

Le début de 1915 fut marqué par un événement qui restera l'un des plus heureux de ceux qui marquèrent notre destinée. Le 3 janvier, un arrêté du Gouverneur général nous incorporait à la Belgique :

À l'avenir, les lois belges sur la douane et sur les impôts seront applicables dans la partie du territoire français : Givet-Fumay qui est joint au Gouvernement général. (La nouvelle frontière passe à partir de Fumay, le long de la vallée de la Semoy, jusqu'à la frontière belge au S. E. des Hautes-Rivières.

Le Gouverneur général,
FREIHERR VON BISSING.

En réalité, la mesure amena un changement complet de l'administration, et nous lui dûmes de connaître durant trois ans, jusqu'au 15 janvier 1918, un régime assez doux, comparé au bagne que fut notre vie en 1918.

Tout d'abord, conséquence extrêmement importante : notre ravitaillement devint assuré. Belges, nous profitâmes du ravitaillement belge, dont nous avons parlé.

Mais du côté allemand, le changement fut radical. Aux troupes d'étape, succédèrent des troupes moins dures d'occupation, en général vieux Landsturm, assez mous et surtout facilement abordables. Détachés

3

de Rocroi, nous fûmes adjoints à Namur, et l'administration se scinda en deux branches : l'une, toute militaire, ayant toute autorité sur les réquisitions, les mesures de police, fut exercée par un Kreischef (Chef de Cercle) qui fut pour nous von Huber Liebenau à Givet, toujours hautain, mais accessible. Quant aux affaires civiles, ravitaillement, combustibles, voire même administration communale et financière, un Civilkommissar (Commissaire civil), installé lui aussi à Givet, en fit son département. Et Doktor Kuhn, puis Doktor Rodhe qui en occupèrent le poste, ne se montrèrent jamais très rudes.

Evidemment l'autorité reste impérative, vis-à-vis de populations ennemies. Mais pourtant le ton change. Si les ordres continuent à pleuvoir, ils sont moins brutaux. Les « vous êtes sommé » disparaissent. Peut-être les « je vous prie » sont hypocrites, mais sans être discutables, ils seront souvent élastiques. Les sanctions demeurent attachées à la moindre contravention : rarement ce sera « loi martiale, fusillé, village incendié » ; à la place, on lit « emprisonné, ou amende » (5 marcks d'amende équivalent à un jour de prison).

Enfin plus de réquisitions arbitraires, nous mettant à la merci du premier soudard venu. Réglementairement, incorporés à la Belgique, nous sommes astreints à payer notre part de l'indemnité de guerre exigée d'elle comme frais d'administration et d'occupation. En dehors de cela rien ne doit nous être enlevé. Un ordre que nous citerons à son heure le précisera.

Cependant les objets ou matières premières pouvant servir à l'armée sont saisies, ce qui signifie que l'autorité militaire peut en disposer. Et peu à peu, la saisie s'étendra à tout, même à ce qui n'est nullement nécessaire pour l'armée, mais du moins nous connaîtrons ce qui doit nous être enlevé et souvent nous pourrons parer à la réquisition en cachant ou utilisant une partie des choses saisies.

Désormais, les règlements de notre vie seront des placards sans cesse renouvelés, des « verordnungs » imprimés en français, allemand et flamand et dont la collection complète emplit une bibliothèque.

Les mairies recevront un « Bulletin officiel des Lois et Arrêtés », capable de rivaliser avec notre « Bulletin du Ministère de l'Intérieur » et le maire, qui doit en outre s'abonner aux journaux publiés par l'autorité militaire (1), sera tenu de certifier « par écrit, le 1er de « chaque mois, qu'il a pris connaissance de tous les « arrêtés publiés pendant le mois ». Ordre Commandantur 8 avril 1915.

Les journaux nous parviennent tous les jours, nourris, il est vrai, de nouvelles allemandes, mais bien supérieurs à la *Gazette des Ardennes* (2), et ils fixent pour nous d'une manière assez exacte les péripéties de la bataille.

Le 23 janvier le service postale est rétablie avec la Belgique et nous sommes enfin moralement réunis à quelque chose.

La carte postale, affranchie à 10 pfennigs, passé par la censure, mais on peut écrire et la mesure devient heureuse lorsque le 29 janvier « sont admis les mandats de poste avec la Belgique et l'Allemagne ». (Communication du chef du bureau de Poste de Givet).

La mesure s'applique aussi [aux prisonniers de

(1) Toutes les publications du Gouvernement impérial de Namur sont publiées tantôt dans l'*Ami de l'Ordre*, tantôt daus l'*Echo de Sambre-et-Meuse*. MM. les Maires sont tenus de s'abonner d'office à ces deux journaux. MM. les Maires devront faire connaître à la Mairie de Givet s'ils ont exécuté cet ordre pour le 27 au plus tard.

Von Huber Liebenau, Kreischef. 23-3-1915.

(2) L'un d'eux, l'*Ami de l'Ordre*, fut frappé d'une très forte amende pour avoir imprimé : Un peuple de 70 millions d'*ânes* au lieu de : un peuple de 70 millions d'*âmes*. Discours du Chancelier.

guerre, dissipant ainsi un peu l'inquiétude des familles. Et lorsque, à dater du 11 mars, il sera possible d'envoyer quelques maigres colis, un but très intéressant sera atteint.

Notons la réouverture de la ligne de Givet à Fumay, mais les formalités de passe-port équivalent à la suppression de cette mesure.

Enfin et surtout la circulation complètement interdite jusqu'à ce jour devient autorisée :

A partir de ce jour et jusqu'à nouvel ordre les passe-ports pour circuler sur le territoire de la Kommandantur de Givet ne sont plus exigés... La même mesure ne sera applicable pour le canton de Fumay que dans les premiers jours de janvier.

Toutes les autres prescriptions seront publiées ultérieurement.

> Transmis le 30-12-1914, par le maire de Givet.

Il est vrai que « MM. les Maires seront informés « que d'après les nouveaux ordres, chaque habitant « qui doit s'absenter de la commune pour un motif « quelconque ou dans un endroit quelconque ne pourra « quitter la commune que muni d'un certificat « d'identité délivré par le maire suivant modèle ci-« joint.

> O/ commandantur, 5 janvier 1915.

Ce certificat est donc établi par le maire, qui, sous sa propre responsabilité, doit certifier « que cette « personne (le porteur) est honorablement connue et « de bonne vie et mœurs ».

Outre l'identité, il comporte un signalement précis et la signature du porteur, soigneusement homologuée par les sentinelles qui surgissant tout à coup vous interpellent par un « Certificate, Mossié », et gravement déploient la paperasse.

Pour faciliter leur tâche, l'autorité prescrit le 26 janvier de compléter par une photographie. Mais toutefois (ordre du 18 janvier) toute circulation dans les bois reste interdite. Il est vrai que la défense est illusoire. On va au bois sans crainte. Quand les vieux Landsturm veulent faire la patrouille, ils se font accompagner du garde forestier :

A présent les habitants coupent le bois. Il est sévèrement défendu de pénétrer dans les bois. Chaque semaine une patrouille circulera avec le garde dans les bois.

O/ Commandantur, 14 février 1915.

Le maire demande d'ailleurs le 19, l'autorisation d'exploiter la coupe affouagère, réédite sa demande le 28 et finalement obtient gain de cause.

Entre temps :

Pour prévenir tous les accidents causés par la rage, il est prescrit ce qui suit :

1. — Tous les chiens sans maîtres seront supprimés.

2. — Les propriétaires de chiens doivent munir leurs chiens d'un collier avec indication du propriétaire.

3. — Les propriétaires doivent les déclarer à la mairie du 18 au 25.

4. — Les chiens trouvés sans maître seront abattus.

Orts Kommandantur 16-1-1915.

Enfin, ordre fut donné au maire de faire réouvrir les écoles. La mesure fut inopérante pour nous. Les classes avaient bien, lors de l'engouement du début, été transformées en ambulance, mais dès le 12 octobre, le service scolaire avait repris normalement, cependant que le maire veillait à la fréquentation.

MELDEAMT. CONTROLES

Nous respirions donc, lorsqu'un coup de tonnerre éclata dans notre ciel rasséréné. La journée du 13 février se terminait dans le calme, lorsque retentit la sonnette de l'appariteur, chose peu étonnante en elle-même et à laquelle, vu sa fréquence, on ne prêtait qu'une attention distraite. Mais ce soir, l'annonce était plus grave :

Les jeunes gens belges soumis aux obligations militaires doivent à partir du 15 février répondre à l'appel chaque jour à 2 heures allemandes, au corps de garde.

Ceux qui n'obéiront pas à cet ordre ou quitteront la commune pour se rendre à l'armée belge, ainsi que les parents qui favoriseront leur départ, seront punis.

L'intéressé qui désire se rendre dans une autre commune pour un motif urgent doit en demander la permission à M. le Commandant militaire.

L'instruction adressée au maire avec cet ordre expliquait le pourquoi et la soudaineté de cet ordre.

Il est connue que ces hommes se doivent en Hollande le 15 febr (février) rendre.

Orts Kommandantur.

En effet, vu la liberté assez grande laissée à la circulation en Belgique, des jeunes gens des deux communes avaient formé le projet de se rendre en Hollande, puis de là en France. Mais le secret fut très mal gardé et l'autorité allemande s'empressa d'y mettre le hola, par ce contrôle et par le doublement des sentinelles.

Néanmoins, il restait une ressource. Nulle part n'existait une liste nominative des habitants de la commune. Il suffisait de partir immédiatement, de risquer pourtant la dénonciation, car, hélas ! il existait malheureusement des éléments trop douteux.

Quelques jeunes gens partirent et réussirent. D'autres échouèrent et revinrent au pays tandis que quelques camarades allaient faire connaissance avec les camps de concentration en Allemagne, et que leurs familles étaient punies.

Le 15 février eut lieu le premier contrôle, auxquels se présentèrent une dizaine de Belges visés, et qui durent répéter cette corvée chaque jour ainsi que ceux que l'autorité envoya appeler à leur domicile. Et le 16, la mesure était étendue :

1ʳᵉ Komp. Landsturm Infanterie Bataillon Erfurt 16-2-1915.

MM. les Maires. — Vous sommerez à présenter jusqu'au 17-2-15, le soir, 6 heures allemandes, une liste sur tous soumis au contrôle militaire, hommes en âge de 17 à 45 années. La liste doit contenir, le nom, prénom, le domicile et l'habitation. Par la liste on partiquera une contrôle, elle devra porter juste. Les maires sont responsable de la justesse (!)

Gez. LAUDAUN.

P. S. — Les hommes doivent s'annoncer chaque dimanche, 12 heures après midi, temps allemand, à la mairie de Vireux-Molhain.

C'était le mardi. Le lendemain commença l'inscription. Beaucoup s'abstinrent au début, mais soit crainte de représailles, soit crainte de dénonciations, peu à peu la liste se compléta. Et le 21, lors du premier contrôle, presque tous les hommes visés répondirent à l'appel. Un imposant déploiement de forces présida à cette cérémonie. Ostensiblement, les Landsturm chargèrent leurs fusils devant les appelés, cependant que des uhlans, venus de Givet pour la circonstance, encadraient la place devant la salle transformée en bureau de contrôle.

L'opération était bien simple. Il suffisait de répondre « présent » à l'appel de son nom. Mais ce moyen permettant des fraudes, l'autorité en changea vite. Le 28 février il fallut montrer les cartes d'identité. Puis à partir du 7 mars, le contrôle devint mensuel. Chaque surveillé reçut une belle carte jaune, où des cases (il y en avait pour jusque fin 1926) étaient établies pour recevoir un timbre spécial, attestant que l'inté

ressé était bien en règle. La carte d'identité fut timbrée
d'un « In Ueberwachung » (en surveillance) apprenant
aux sentinelles que le porteur avait à montrer une
deuxième patte blanche. Ceux qui par la suite se
montreront récalcitrants seront gratifiés d'un « In
scharfere Weberwachung » (en surveillance renforcée)
qui les mettra à l'index

Chacun reçut en outre un règlement, catéchisme
des nouveaux devoirs. Il y était dit entre autre que
pour une absence de plus de 48 heures l'intéressé
devait demander l'autorisation, et qu'il ne devait pas
voyager dans un autre arrondissement.

Il était aussi mentionné que le contrôle n'avait pas
pour but de préparer les jeunes gens à une incorporation dans l'armée allemande, mais avait simplement
pour but de les empêcher de rejoindre les armées
alliées. Un nouveau bureau chargé des contrôles et
des mesures les concernant, le Meldeamt s'installa à
Givet. Et peu à peu cette affaire qui avait tant
passionné à ses débuts tomba dans l'indifférence
qu'essayèrent en vain de troubler des proclamations
alarmantes (1).

Pourtant chaque contrôle ramenait une certaine

---

(1). Affiche, 3 mars 1915. Ces temps derniers, des personnes
aptes au service militaire ont essayé à différentes reprises
de franchir secrètement la frontière hollandaise pour rejoindre les armées ennemies.

Par conséquent, je décide ce qui suit :

1º Toutes les mesures en vigueur pour la circulation dans
les zones limitrophes de la frontière sont supprimées pour
les Belges aptes au service militaire.

2º Les Belges qui essayent malgré la défense de franchir
la frontière vers la Hollande s'exposent à être tués par les
sentinelles. Ceux qui seront capturés dans ces conditions
seront punis et envoyés en Allemagne comme prisonniers
de guerre.

3º Quiconque aidera ou favorisera le passage défendu
sera traité conformément aux lois de la guerre. Ceci

appréhension, une peur vague du pire, de mesures plus draconniennes, indice d'un état d'esprit prompt à se laisser entraîner à la panique.

INCIDENT

Le 28 février 1915, vit une de ces paniques. La distribution du pain se faisait tous les matins depuis quelques mois à la salle des fêtes. Et malgré que chaque ménage eût son numéro, et que, par suite de la routine chaque numéro passât à une heure facile à déterminer, il y avait toujours foule et attente.

Il fallait peser le pain, assez sévèrement, 300 grammes par ration, inscrire la vente pour éviter

---

s'applique également aux membres de la famille qui n'empêcheront pas le passage.

4° Sont considérés comme aptes au service tous les Belges de 16 à 40 ans.

Tous les bruits d'après lesquels les Belges seraient incorporés dans l'armée allemande sont des inventions malveillantes.

Freiherr VON BISSING.

Affiché 25 mars. Proclamation. Les tribunaux allemands ont eu à condamner ces temps derniers aux travaux forcés pour tentative de trahison des Belges qui avaient aidé leurs compatriotes dans leur essai de rejoindre l'armée ennemie. Je mets de nouveau en garde contre de semblables crimes à l'égard des troupes allemandes.

Freiherr VON BISSING.

Note lue au contrôle du 3 mars 1916 par le capitaine Dietmar, chef du contrôle. — D'après les journaux, le gouvernement belge établi au Havre a voté un décret appelant aux armes tous les Belges jusqu'à l'âge de 40 ans. D'après les conventions de La Haye, le pouvoir de faire les lois dans un pays occupé passe au pouvoir occupant. Les Belges n'ont donc pas à se soumettre au décret belge, considéré comme nul dans la Belgique envahie, et par contre doivent se soumettre aux termes légaux de l'arrêté de Monsieur le Gouverneur général. Si, d'ailleurs, après la guerre, le gouvernement belge était rétabli, il ne pourrait exiger aucun compte de ses nationaux.

toute fraude et comme beaucoup recevaient les vivres à crédit, inscrire le montant de la distribution sur un carton spécial. Toutes ces opérations souvent compliquées par quelque bousculade demandaient évidemment bien du temps. Et alors les langues se déliaient. Un humoriste a appelé avec raison la distribution, le G. Q. G. des populations envahies.

Chacun développait ses idées souvent basées sur des « on-dit », chacun apportait sa pierre à l'édification d'un « canard » souvent stupide.

Or, le matin du 28 février, je ne sais en raison de quoi, quelqu'un annonça que les Allemands allaient venir vacciner les enfants dans les écoles. Un autre ajouta que ce vaccin était un poison, et alors des détails macabres, horrifiants, se firent entendre. A X..., on coupait les mains aux enfants ! A Y..., on les enterrait vivants !...

Pétri du souvenir de toutes les horreurs, hélas ! trop vraies du début, un cerveau devient vite crédule. Une véritable panique s'empara des mères qui, abandonnant leur tour à la distribution, s'en vinrent retirer leurs enfants de l'école. Un seul me resta. Et il ne fallut rien moins que l'autorité du maire, qui immédiatement fit démentir tous ces bruits, pour que l'après-midi, mes bancs se regarnissent à demi. Oh ! ces distributions, que de sottises elles ont engendrées !

Il faudrait des volumes pour les dire toutes. Et semblables aux boules de neige devenues avalanches, que d'histoires s'y sont démesurément amplifiées pour le plus grand dommage de notre tranquillité !

La réalité était heureusement un peu moins sombre. Les ordres continuaient à pleuvoir et dans leur masse, je relève une note du 24 février nous prévenant que l'autorité militaire a installé à Givet un médecin civil belge, chargé de répondre aux besoins médicaux du canton. Il lui sera payé une indemnité de 35 marcks par mois à répartir entre les communes.

Rien n'est changé chez nous, et ce médecin est superflu. Le maire le fait d'ailleurs remarquer, et reçoit une nouvelle note lui précisant que le dit médecin est « chargé spécialement de vérifier officiellement les lois de l'hygiène », souci constant de l'autorité qui nous inonde de prescriptions à ce sujet et fera même visiter les enfants des écoles. Une prescription entre cent autres : —

13-2-1915. — Sur le nettoyage des rues à Wallerand doivent être appliqué plus de soin, principalement près du pont. Le nettoiement doit être exécuté aussitôt que possible. Aussi à venir à soin du nettoiement des rues. Le nettoiement du pont transmis chaque commune à moitié.

Gez LAUDANN, sergent-major.

Le 6 mars un arrêté fixe les prix maxima des vivres, mesure inutile, car ou le ravitaillement n'en a cure ou les trafiquants par lesquels il nous faut passer ne nous permettent pas d'en profiter : trop heureux, nous acceptons leurs conditions sans maugréer.

Le 27 mars, le sergent-major commandant à Vireux-Molhain se fait amener la pompe à incendie, la fait manœuvrer pour « démontrer qu'elle peut assurer le service en cas d'incendie. » (ordre Commandantur).

Ça et là, des chinoiseries encore, des états à fournir : truies pleines, stocks de sucre, mélasse et sirops.

Une réédition rappelle le 11 mars que « les horloges sont à régler sur l'heure allemande ». Enfin le certificat d'identité devient obligatoire à partir de 15 ans.

LE MANQUE D'ARGENT

Mais comme s'il était écrit qu'un souci en appelle un autre, une grosse question ramenait l'angoisse de jadis.

Dès le début de la guerre, les usines avaient dû fermer leurs portes et malgré les efforts d'un industriel pour tâcher d'occuper à tour de rôle et quelques heures par jour quelques ouvriers, le chômage était presque complet. D'autre part, du fait de l'invasion, femmes de mobilisés, fonctionnaires, employés des chemins de fer et retraités divers, n'avaient pu depuis le 1er août 1914 recevoir aucun argent. Pour cette dernière catégorie, la mairie avait bien essayé de suppléer à l'Etat ou aux Compagnies défaillants. Mais faute d'argent, ses mesures n'avaient pu combler la difficulté.

Progressivement, le maire avait fait distribuer à crédit les vivres du Comité Local. Mais celui-ci n'assurait guère alors que le pain et les pommes de terre. Le maire délivrait aussi des bons de marchandises sur le vu desquels certains commerçants acceptaient pour leurs ventes un crédit gagé par la commune. Tous les commerçants ne voulaient pas de ces bons. Puis peu à peu, ceux qui les avaient acceptés, voyant s'amonceler ces papiers dont ils ne pouvaient obtenir le remboursement, et pressés eux aussi par le besoin d'argent les refusèrent, cependant que fatalement la rareté des vivres avait déterminé une hausse sensible des prix.

D'ailleurs, au fur et à mesure que les magasins se vidaient, force nous était d'accepter les services des trafiquants qui ne voulaient que de l'argent comptant. Les maigres disponibilités financières fondaient à vue d'œil : rien ne venait réparer la brèche, et il se trouva que vers la fin de mars, la grande masse des habitants était sans argent, en face de la crainte latente d'événements imprévus.

Aussi s'explique la marée montante de doléances qui assiégeaient le maire, continuel et fatal bouc émissaire de toutes les plaintes. Il avait déjà demandé le 4 mars, à la mairie de Givet, s'il ne serait pas possible d'obtenir des avances en argent pour les bénéficiaires d'allocations quelconques. Les maires ne pouvant rien faute d'argent, le Comité d'alimentation fit sienne la question et le 19 mars, dans chaque commune, fut créé « un Comité Local de secours », lequel fut chargé de répartir des secours en nature entre les nécessiteux.

Cette solution ne donna qu'une demi-satisfaction. Elle fournit des haricots, des lentilles, mais pas d'argent. La répartition laisse aussi à désirer. Satisfaisante pour les chômeurs, elle tatillonne pour les femmes de mobilisés qui doivent justifier de leur dénuement ; elle oublie les fonctionnaires, les rentiers ou les retraités.

Il fallait trouver mieux. Ce qui fut fait. Par diverses entremises, le Comité se procura de l'argent et put donner des secours en argent à ceux qui manquaient de tout. D'autre part, le Comité d'Alimentation fournissant la farine aux comités locaux, acceptait le payement en reconnaissances exigibles après la guerre. Et comme un certain nombre de personnes payaient leurs vivres comptant, il s'ensuivit des disponibilités d'argent dans les caisses des Comités locaux qui l'utilisèrent à servir aux bénéficiaires d'allocations militaires une allocation de 75 centimes par jour, plus 25 centimes par enfant.

Le surplus de cette disponibilité servit à constituer à Givet une caisse spéciale : la Caisse des Prêts, où les maires purent puiser, et à partir de juillet les fonctionnaires purent recevoir 50 francs par mois. Cette Caisse des Prêts alimenta de même les succursales des Caisses d'épargne qui purent consentir aux ayants droit des prêts sur garantie de leurs livrets.

Et ainsi un peu d'argent rentra dans les bourses de chaque famille, maigre provision, mais qui éclaircit un peu l'avenir et permit d'être un peu plus résistant vis-à-vis des tracasseries allemandes.

NOUS VOULONS

L'opinion avait suivi cette question avec une attention soutenue, qu'avaient à peine contrariée les ordres sans cesse renouvelés.

Le Kreischef fit afficher le 3 avril : « Que pour éviter « le gaspillage de la nourriture... les bestiaux destinés « à la boucherie ne doivent plus être engraissés ni « gavés de nourriture et de boissons.» Et évidemment: « Les contraventions seront sévèrement punies ».

Est-ce pour plus de clarté ?

« M. le maire : — Vous êtes avertis que nous ne « devons plus employer que la langue allemande « dans nos lettres et circulaires.

17 avril 1915. VILSON. 1re Comp. L. I.

Notons de suite que rien ne fut changé et que nous eûmes toujours à déchiffrer le langage « pittoresque » des secrétaires de commandanture.

Le 17 avril, l'autorité militaire ordonna de placer des poteaux indicateurs à tous les croisements de routes, en veillant soigneusement à écrire « Nicht für auto » (non pour auto) à l'entrée des culs-de-sac. Et plusieurs fois, le maire dut certifier l'exécution de cet ordre.

Ce dernier eut son heure d'émotion. Alors qu'il croyait enterrée la question des armes, il est appelé à exercer une nouvelle pression sur les habitants pour les amener à livrer les armes qu'ils pourraient encore posséder. En même temps, il doit certifier à nouveau « que les armes se trouvant dans la commune ont été « ramassées au début de la guerre et déposées à cette « époque dans UN bâtiment communal. » (Rapport du 19 avril).

Mais l'imprécision de ce UN, voulue pour essayer de sauver le dépôt, faillit coûter cher. Appelé à Treignes, le maire y subit un interrogatoire, fut menacé après accusation de vouloir cacher les armes, et finalement dut indiquer où elles se trouvaient. Munis de ce renseignement, les Allemands vinrent nous les enlever, ce qui pourtant n'amena pas la fin de la question.

Les pigeons font eux aussi l'objet d'une note semblable. Mais cette fois, il suffit de répondre qu'il n'y en a plus, sauf ceux qui, dans le clocher de l'église, continuent à narguer les efforts des vieux Landsturm.

Puis, avec les chaleurs, l'autorité pensa à l'hygiène et nous submergea de ses notes répétées :

5 mai... Vous êtes invités à tenir les rues propres et à faire enlever les immondices

WILSON, capitaine.

Oubliant sans doute leurs mesures restrictives qui équivalent à l'interdiction d'abattre le bétail, il ordonna aux bouchers et aux charcutiers que « les « viandes doivent être couvertes par un treillage contre « les mouches.

« Toute infraction sera sévèrement punie. »

Ordre du 27 mai, WILSON.

Et ceux-là même qui, à Haybes, le 23 août 1914, se sont conduits en sauvages, viennent ordonner des mesures de pitié envers les animaux !

Tous les animaux de boucherie doivent être étourdis avant d'en tirer le sang. Il est interdit de pendre les veaux avant de les avoir étourdis. Il est défendu de souffler les veaux.

29 mai 1915, le Kreischef.

Nous retrouverons d'ailleurs d'autres ordres semblables par la suite.

Mais par contre :

Il est interdit de :

A. — Exposer ou distribuer n'importe quelle reproduction en images de la guerre actuelle.

B. — Images ou cartes.

C. — De porter des nœuds, fleurs, médaillons ou boutons de couleurs ennemies.

Aussi la vente de ces objets est interdite, sauf celle des portraits de la famille royale belge.

D. — D'arborer des drapeaux belges ou ennemis.

E. — D'exposer dans les vitrines des décorations qui sont aux couleurs françaises et belges ou des pays ennemis.

F. — La vente des morceaux de musique des chants nationaux ennemis. Les quatre versets de l'hymne national belge sont autorisés en morceaux de musique, mais sans décorations aux couleurs nationales, ou avec des armes. Les vendeurs camelots de la rue doivent avoir une autorisation du service de la censure du gouvernement pour tous les objets qu'ils mettent en vente.

17 avril 1915, le Kreischef.

L'ordre est répété le 27 mai, et le 13 juillet en vue de la Fête Nationale.

MON JOURNAL

13 juillet 1915, 6 heures du soir.

C'est demain la Fête Nationale. Ce soir, demain, dans tous les villages de France libre, on fêtera cet anniversaire glorieux. L'an dernier, insouciants du péril si proche, nous avions salué notre Marseillaise, nos drapeaux claquant au vent joyeux. Mais cette année, rien qu'un morne silence. Le matin une réédition a interdit à nouveau les chants et emblêmes nationaux, et des patrouilles circulent : un galop saccadé, une lourde botte martelant le pavé, scandent la réalité : l'Allemand est là qui nous garde jalousement !

Tiens ! qu'est-ce encore ! la sonnette retentit ! Bah ! une nouvelle prescription...

Non c'est mieux. Le Comité d'alimentation a décidé exceptionnellement d'accorder demain une ration supplémentaire de pain BLANC aux habitants : 375 grammes pour 15 centimes.

Bravo ! voilà une belle initiative ! Demain, dans tous les foyers, va paraître notre galette qui tiendra lieu pour nous des réjouissances d'antan !

LES CÉRÉALES EN 1915

Quelles que soient les préoccupations de l'autorité militaire, celle-ci n'oubliait pas que bientôt allait sonner l'heure des récoltes. Déjà, après avoir fait certifier qu'il n'y avait pas de terrains incultes, elle avait demandé « si la culture des champs est aussi soignée que les années précédentes » (ordre du 15 mai). Puis, dès juin, lorsque l'herbe dorée par le soleil commença à tomber sous la faux, elle décréta que « le foin doit être coupé et rentré pour le 8 juillet » (ordre du 24 juin).

Laissant, disait-elle, le commerce libre, elle avait simplement interdit la vente des fourrages sans permission de l'autorité militaire, et s'était préoccupée des disponibilités éventuelles. Il est vrai que son attente a dû être déçue, si l'on en juge par cette réponse :

```
Quantité à récolter : Foin . . . . . . 271 tonnes
                      Trèfle, luzerne . .   5 tonnes
Quantité nécessaire : Foin . . . . . . 271 tonnes
                      Trèfle, luzerne .     5 tonnes
Quantité disponible : Foin . . . . . . Néant
                      Trèfle, luzerne . Néant
```

Néanmoins, l'autorité militaire ne put cacher ses intentions. Un ordre du Kreischef, daté du 14 juillet, montre bien que le commerce est libre, à condition d'être fait avec l'ennemi :

Le magasin de campagne allemand installé à Givet achète toujours le foin à des prix acceptables, et, pour le canton, ce magasin est la seule autorité qui est capable d'acheter du foin.

4

Laissons un instant la question du foin, liée à celle de l'avoine. Car bien grave apparut dès ses débuts la question des céréales et qui plus que toute autre devait remuer l'opinion générale. Malgré la sècheresse, les quelques blés étaient beaux. Mais on espérait beaucoup des seigles qui, jalousement cultivés aux flancs des collines, après l'essartage pénible, devaient augmenter la ration de pain d'une provision de bonne farine.

Mais l'Allemand en avait décidé autrement.

Tandis que le 23 juillet une note avait ordonné :

Pour attribuer à l'alimentation des habitants de la commune et pour assurer le fourrage des bestiaux, vous êtes tenus de faire planter des navets sur les terres où l'on a récolté des pommes de terre et de l'orge hâtives.

Orts-Kommandantur.

Une autre note du 13 août interdisait d'une façon absolue de faire moudre les céréales et d'en transporter, prescrivant de les livrer intégralement au Comité.

S'il faut en croire les ordonnances allemandes, cette saisie des céréales panifiables était faite dans le but de fournir un stock indigène au Comité d'alimentation et de le mettre pour quelque temps à l'abri du manque d'arrivage de blés étrangers. Et la saisie aurait alors pour effet d'empêcher cette spéculation honteuse, qui, jouant sur la famine, avait amené le quintal de farine à 110 francs au cours de l'hiver 1914-1915.

Evidemment, ces raisons sont bonnes vis-à-vis des cultivateurs, mais la saisie était dure à accepter pour les malheureux qui, au prix de mille fatigues, avaient après l'abatage nettoyé en dégazonnant et en brûlant leurs parts de bois. Ensuite, ils avaient pioché la terre caillouteuse des collines, puis confié à ce sol maigre quelques poignées si précieuses d'un seigle auxquelles aux temps sombres on s'était abstenu de toucher. Et durant les nuits fraîches, il avait fallu accroître la fatigue journalière par une garde incessante contre les sangliers qui tentaient de détruire de si belles espérances. Puis dès que le soleil eût doré les épis, on s'était attelé à la récolte. Poignée par poignée, la faucille avait coupé les chaumes, tandis que des doigts avides recherchaient précieusement les grains qui pouvaient s'échapper. Et tout cela, pour récolter 100 kilos de seigle, une misère, et pourtant une fortune qui permettrait de donner une tartine de plus aux pauvres gosses qui, ignorant la tyrannie du malheur, pleuraient, ayant faim ! Et quoi ! toutes ces espérances détruites, tout ce travail devenu inutile !

Les échos de ces déceptions arrivent au maire qui tâte le terrain en demandant le 16 août la permission pour les récoltants de vendre du seigle pour les semailles d'automne. Il ne reçoit aucune réponse, mais néanmoins apprend que des conversations sont en cours, qui se terminent le 22 septembre par cette note :

De nombreuses démarches sont faites en vue d'obtenir une disposition plus libérale, en ce qui concerne le blé et le seigle. M. le Commissaire civil m'informe que le blé et le seigle sont libres pour être vendus sans aucune permission. Les moulins peuvent donc librement moudre le blé.

Le Maire de Givet.

Quelle joie, ce jour-là ! Malgré l'incertitude, blé et seigle étaient battus. Aussitôt, profitant de l'autorisation donnée aujourd'hui, mais peut-être refusée demain, on court au moulin et le 23 septembre, ce ne fut qu'un défilé continu dans le chemin creux du moulin de brouettes chargées de la précieuse manne.

La hâte était justifiée. Dès le lendemain, la déception survenait :

24 sept. 1915. — Le Comité Provincial a décidé

*que toute la récolte de blé des cantons de Givet,
Fumay serait achetée par le Comité National. Les
Commissaires acheteurs vont passer chez MM. les
cultivateurs, sans délai.*

*Il est laissé aux cultivateurs : Nourritures 10 k. 200
par habitant et par mois. Semences 190 k. par
hectare.*

Le Président du Comité d'alimentation.

Hâtivement lue, cette note provoqua une panique
inutile, puisque le seigle n'était plus saisi, et c'était à
cause du seigle surtout que la question avait pris tant
d'ampleur. D'ailleurs quelques jours plus tard, la saisie
du blé était levée à son tour, et après beaucoup de
crainte, on s'en tira cette année sans dommage.

L'AVOINE EN 1915

A peine l'opinion était-elle tranquillisée sur ce point,
qu'une nouvelle question venait ramener le trouble.
Qu'allait devenir l'avoine ?

Dès les premiers jours de l'occupation, l'autorité
allemande s'était livrée à une véritable chasse à
l'avoine et ses premières incursions avaient eu pour
but de la réquisitionner à tort et à travers. Lorsque
méthodique, elle voulut organiser une réquisition
réglementée, procédant d'abord le 9 décembre 1914 à
« un relevé des quantités existantes », elle ne trouva
plus rien.

Au printemps 1915, elle laissa s'effectuer les
semailles. Mais le 19 juillet, un arrêté du Gouverneur
général laissa deviner l'avenir. « Il est défendu de
« faucher l'avoine verte et de l'utiliser comme four-
« rage. Les contraventions seront punies d'une amende
« de 3.000 marcks. »

Rien de nouveau ne survint jusqu'à la récolte. Puis
brusquement, le 20 septembre, les cultivateurs se
voient gratifiés, en exécution d'un ordre du même
jour, de cette note :

Par ordre de l'autorité allemande, vous devez déposer au préau de l'école des garçons, avant le 26, toute l'avoine que vous possédez. L'avoine doit être battue de suite. S'il n'est pas possible de battre tout, vous devez livrer l'avoine non battue en sacs.

Le Maire.

Une note du Général fixa, le 27 septembre, les modalités d'une règlementation visant la nourriture des chevaux :

Le foin et l'avoine ne peuvent être donnés en nourriture et achetés pour cela sans l'autorisation du Kreischef.

Si un propriétaire a besoin d'avoine ou de foin, il doit se rendre auprès du maire. Celui-ci lui établit un certificat indiquant :

1° Le nombre de chevaux qui lui appartiennent;

2° Qu'il ne possède pas la nourriture suffisante.

Chaque propriétaire de chevaux, même celui qui récolte, doit suivre cette procédure pour obtenir l'autorisation d'employer ces nourritures. Le certificat est à remettre au chef de la Compagnie la plus proche.

Le Général : von Huber LIEBENAU.

Tous les propriétaires de chevaux ne peuvent recevoir du foin ou de l'avoine que pour 3 mois. Après ce temps il est nécessaire d'avoir une nouvelle autorisation.

Ordre 2e Compagnie. — 2 octobre 1915.

Et, comme corollaire, notre commune est taxée d'une fourniture de 9.575 kilos d'avoine dont la première livraison aura lieu le 2 octobre et comprendra 1.475 kilos.

Or, la commune a récolté 4.400 kilos. D'après un arrêté du Gouverneur général, il doit nous être accordé pour 34 chevaux à 920 kilos pour l'année, 31.280 kilos, et comme semences pour 6 hect. 85 ares à raison de 170 kilos par hectare, 1.165 kilos, soit en tout 32.445 kilos.

Il nous manque donc 28.045 kilos pour couvrir nos besoins.

Même en admettant que nous livrions toute notre production, nous ne pourrions livrer que 4.400 kilos, soit un déficit de 5.175 kilos.

Qu'importe !

Les communes qui PRÉTENDENT n'avoir pas récolté les quantités réquisitionnées doivent livrer totalement la quantité totale récoltée et pour la livraison du surplus se procurer par voie d'achat les quantités manquantes.

La question de savoir comment certaines communes, dont le stock entier sera absorbé par les réquisitions, pourront se procurer la nourriture en remplacement, sera étudiée plus tard.

On fait remarquer que toute retenue par avance sur le stock sera punissable.

Le Capitaine de la 1re compagnie.

La première livraison de 1.475 kilos est fournie ainsi que la deuxième qui, le 5 novembre, nous enlève 2.025 kilos.

Comme certains propriétaires ont reçu l'autorisation de nourrir leurs chevaux, lorsqu'arrive la troisième livraison, le 21 décembre :

La commune de Vireux-Wallerand livrera ce jour 24 sacs ensemble 1.200 kilos.

Ortskommandantur.

« J'ai l'honneur, écrit le maire, de vous informer « qu'il ne reste plus d'avoine chez les propriétaires... « Il faudrait 24.165 kilos jusque fin août 1916, pour « nourrir les chevaux. »

La menace de punition nous est répétée, comme l'ordre d'acheter les quantités manquantes, mais partout le bordereau de livraison a été plus élevé que les quantités existantes. Toute l'avoine a donc été livrée.

Quelques perquisitions infructueuses le prouvent et pour nous la question est close.

Mais l'avoine, la paille, le foin ainsi arrachés aux communes du canton, forment à Givet un beau stock.

Dans les casernements intacts de la manutention, au fond de la belle cour de l'Esplanade, l'autorité militaire avait installé un feldmagasin (magasin de campagne). L'emplacement bien choisi, à proximité de la gare, permettait l'acheminement rapide, facile, vers les différents fronts français, grâce aux artères Givet-Charleville, et Givet-Hirson.

Une presse hydraulique fonctionnant sans répit comprimait tous ces fourrages.

La seule question délicate était celle des transports. Elle fut vite résolue, grâce à la réquisition.

CHEVAUX ET VOITURES

Déjà, en janvier, lors du déblaiement de Charlemont, les Allemands avaient commandé des voituriers des environs. Et le 3 janvier un système régulier avait été créé. Oh ! bien simple ! La Commandantur se borne à commander aux maires de fournir tant de voitures. Aux maires incombe la tâche irrémissible de désigner les voituriers.

Si le maire ou le voiturier refusent, saisie des attelages. Force est d'obéir.

Le maire établit une liste des voituriers « qui seront « employés à tour de rôle. Lorsqu'un propriétaire sera « désigné à son tour, il ne pourra alléguer que sa « voiture, ses chevaux ou son conducteur ne sont pas « disponibles. S'il y a empêchement quelconque, le « propriétaire désigné fera lui-même les démarches « pour trouver un voiturier. »

Circulaire aux propriétaires. — 3-1-1915.

Puis, comme toute réquisition est par cela même gratuite, il fallut que la commune supportât cette nouvelle charge et une rémunération fut accordée aux voituriers.

Et durant toute l'année, deux ou trois fois par semaine, quelquefois avec des interruptions de huit ou dix jours, le service fonctionna sans accroc, marqué de temps en temps par une note de la Commandantur ou du Feldmagasin conçue dans ces termes :

Lorsqu'on commande des voitures pour le feld-magasin, on commande toujours des tombereaux. Lorsqu'on réquisitionne des voitures, il faut aussi fournir de grandes voitures à charger le foin. Les maires doivent être rendus attentifs à ce qu'il est défendu de fournir de petites voitures à 2 roues et qu'à l'avenir on signalera (au Général) si ces ordres ne sont pas observés.

En outre, il faut fournir de bons chevaux, car il a été remarqué à plusieurs reprises que les voitures amenées avaient de très mauvais chevaux. Les voitures doivent être des voitures à foin, le plus grand possible. Par la fourniture de voitures comme ceci a lieu très souvent, on augmente le temps des réquisitions et le magasin est obligé de fournir un plus grand nombre de voitures. Les propriétaires de chevaux doivent être tout particulièrement avisés qu'il est sévèrement défendu de nourrir leurs chevaux durant le jour avec le foin du magasin. Ils doivent apporter la nourriture nécessaire à leurs chevaux. Les contraventions à ces ordres seront poursuivies et chaque nouvelle prise de foin est punie comme vol.

24 novembre 1915.   Le Feldmagasin.

Ou ceci :

Il est arrivé que des propriétaires de voitures se

*présentaient en retard et s'arrêtaient inutilement
dans des cafés.*

*Les propriétaires doivent être rendus attentifs
que cela est défendu.*

4 décembre 1915. Le Feldmagasin.

Une note du 6 janvier 1916 nous apprend que « le
paiement des voitures de réquisition françaises est
projeté. »

Quant au travail à fournir « il est rappelé que toutes
« les voitures doivent arriver le matin à 8 heures
« allemandes précises devant la mairie de Givet. Le
« repos est de 12 heures à 1 heure. Le travail s'arrête
« à 5 h. 1/2 allemandes. »

Même note.

Le voiturier réquisitionné se lève donc à 4 heures
du matin et rentre chez lui à 6 h. 1/2 le soir. Il doit
emporter au moins deux repas. Que valent 300 grammes de pain pour lui ?

LA POLICE SECRÈTE

L'application de toutes ces mesures fut rendue
possible par la passivité des populations.

En général, crainte du pire, on se soumettait. Car
pour tous, si les Allemands n'étaient plus les sauvages
brutes de 1914, les cellules inspiraient une terreur
bien compréhensible.

D'ailleurs, on sentait tout autour de soi une atmosphère empoisonnée, des oreilles partout ouvertes, des
regards sans cesse braqués, à l'affût de nos actes, de
nos gestes, de nos paroles.

Outre l'Allemand installé dans nos maisons, couvrant
sous un masque hypocrite un espionnage continu,
certains éléments louches profitaient de la situation
pour assouvir d'obscures rancunes qui se traduisaient
par une pluie de lettres anonymes inondant les
Commandantures. Il y a lieu de croire que leur

nombre était grand, car le Gouverneur général avait fait afficher le 6 juin 1915 cette note :

Le nombre des dénonciations anonymes continue à augmenter. Je refuse de donner la moindre suite à ces dénonciations et j'ai donné à mes subordonnés l'ordre d'en faire autant.

Prière d'afficher.

Von BISSING.

Mais si les Commandanturs ne s'en occupent pas, un organisme les utilise trop. N'y a-t-il pas à Givet un Geheim-Polizei-Buro (bureau de la police secrète) ?

Cette police, recrutée parmi les Allemands qui possédaient une parfaite connaissance de notre langue et de nos mœurs, avait des ramifications dans toutes les communes.

Insidieusement, vêtus comme nous, ces policiers se mêlaient à nos groupes, suscitant d'un air bonhomme nos conversations, les aiguillant, renchérissant à nos doléances, puis faisant état des renseignements obtenus, dénonçaient à la Commandantur.

Colporteurs, comme jadis ces « Sidi » boches, ils pénétraient dans nos maisons, et tout en nous offrant une pacotille douteuse scrutaient le mobilier, jetaient des regards inquisiteurs dans nos porte-journaux... Complaisamment, ils nous offrait leur aide pour transmettre des lettres clandestines qu'ils portaient à la Commandanture, ou mystérieusement nous proposaient un journal français au titre alléchant, mais au dénouement dangereux.

Et chaque jour, une histoire par eux provoquée venait assombrir notre vie déjà si triste d'envahis.

C'est à l'un des exploits de cette police que le maire dut de passer une nuit mouvementée.

Le 12 octobre 1915, à 7 heures du soir, il est brusquement appelé à se rendre au Château Soret où loge le Commandant. Là, on l'arrête et deux policiers s'occupent à le cuisiner : Un soldat originaire du pays serait revenu dans sa famille...

Le maire, évidemment, ne sait rien, mais en vertu des idées et lois allemandes, il est responsable de tout ce qui se passe dans sa commune, il doit connaître tout, même la vie intime des familles, et surtout il doit tout dénoncer. Donc il est considéré comme connaissant la rentrée de ce soldat.

Sur ses dénégations, et après menace de punition, il est conduit sous bonne garde en auto, dans une ferme éloignée, à Monplaisir, au milieu des bois, et assiste, témoin impuissant, à une perquisition minutieuse et inutile.

Ramené au château, il est à nouveau interrogé et même, essayant malgré tout de le prendre en défaut, un policier lui tend un journal français qu'il lui offre d'emporter.

Enfin vers minuit, le maire est rendu à sa famille inquiète, après avoir dû interdire à la famille du soldat présumé rentré de quitter la commune.

TOUJOURS DES ORDRES

Et partout, dans tous les domaines, l'autorité occupante règlemente, couvre les murs d'un inlassable tapissage de « Verodnungs ».

Elle saisit les bois abattus, les planches et même une demande pour obtenir du bois pour cercueils est refusée.

La sécheresse se prolongeant, le kreischef fait afficher la loi belge concernant les incendies en forêts et en ordonne le commentaire au prône de la Messe. et dans toutes les classes (18-7-1915).

La manœuvre de la pompe à incendie doit être faite tous les 15 jours.

Le kreischef joue au préfet :

« Dans le cas où les communes lèveraient des impôts

« communaux, feraient des emprunts, elles devront
« s'adresser à l'autorité supérieure. Dans ce cas elles
« devraient adresser la délibération du Conseil muni-
« cipal et le dossier complet à M. le Commissaire
« civil. »

    10 août 1915.   Ordre du Kreischef.

Ce dernier s'était déjà documenté :

« Note du Commissaire civil Août 1915 :

« *a)* Dans votre commune, le conseil municipal
fonctionne-t-il ?

« *b)* Combien de conseillers en temps de paix ?

« *c)* De ceux qui ont été élus en temps aux dernières
« élections, combien fontionnent encore en ce
« moment ?

« *d)* Combien font défaut pour une cause quel-
« conque ?

« *e)* Par qui ceux qui font défaut ont-ils été
« remplacés ? (1).

Un voiturier du pays, sans autre communication
que le chemin de halage fermé par ordre du 25 août,
est obligé de demander l'autorisation d'y circuler ;
l'autorisation est accordée : « mais je vous prie de
« m'indiquer sous quelle condition ce passage était
« permis avant guerre. » (Note du Wasserbauamt au
maire. 16 septembre 1915.)

Puis des inquisitions continues :

« 20 juillet : Y a-t-il dans vos communes des arbres
« à aiguilles et, en cas affirmatif, où ? et combien ? »

                       Den Orts-Kommandantur.

« 20 août 1915 : Avez-vous des juments et étalons
« de race ardennaise ? »

                    CAROL, Orts Kommandant.

---

(1) Réponse : *a)* oui, très régulièrement. — *b)* 12. — *c)* 4.
— *d)* 1 démissionnaire, 7 mobilisés. — *e)* ils n'ont pas été
remplacés.

« 1er septembre 1915 : Tous les cafés de votre
« commune sont fermés demain le 2 septembre. Les
« propriétaires qui n'auraient pas fauché leur foin
« pour le 2 à midi, sont prévenus que ce foin appar-
« tiendra à l'autorité allemande. »

OTTO, lieutenant.

« 17 septembre : Jusqu'au 26, vous devez faire
« parvenir au bureau du Meldeamt une déclaration
« par écrit :

« Combien d'habitants surveillés par le bureau de
« déclaration ne savent lire ni écrire. Combien ne
« savent signer :

Le Meldeamt.

« 22 septembre : Vous êtes obligés de remettre
« rempli le formulaire ci-joint jusqu'au 26-9-15. Vous
« êtes responsable du *remplissage* consciencieux :
« Récolte de foin : 1re coupe_______ 2e coupe_______
« la 3e coupe produit probablement_______ »

Orts Kommandant.

Notons cette perle :

« Pour empêcher en Allemagne l'abattage des vaches
« trop maigres, ordre est donné de transporter ces
« vaches en Belgique.

« Les compagnies doivent jusqu'au 30 octobre à
« midi au plus tard, dire chacune dans les pays qu'elles
« occupent combien il y a à louer de pâtures, d'écuries,
« de fermes entières. En même temps, dire la conte-
« nance des écuries, combien de pâtures peuvent
« fournir en été la nourriture des bêtes, et aussi si l'on
« peut acheter dans les fermes de la paille et surtout
« de la paille d'avoine (ordre télégraphique).

« Renseignements à rapporter à la mairie de Vireux-
« Molhain, avant six heures le soir, ce jour. »

Orts Kommandantur.

Notons aussi quelques impositions :

« Livrez, s. v. p., des bougies et des bois pour la -

« maison vide de M. Lafont. Cette maison *habitera*
« d'un sous-officier et d'un soldat. »
   (intégral)   11 novembre 1915.
                                 SIHIECKE, unteroffizier.

« Livrez s. v. p. tout de suite un petit poële pour une
« chambre vide de la maison de M. Lafont. Mainte-
« nant il fait froid, et un camarade de moi demeure
« dans une chambre sans feu. Je vous en prie aussi de
« livrer des charbons pour ces poëles car ceux-ci sont
« meilleurs pourtant et plus économe que le bois
« livré. »
                                 18 novembre 1915.
                                 SIHIECKE, unteroffizier.

Un petit épisode vint pendant quelque temps dérider un peu nos fronts assombris :

Vers octobre, un assez grand nombre de soldats allemands avaient été cantonnés au pays. Comme distraction, ils avaient trouvé un cabaret où on les régalait de bals et de concerts au phonographe. Grand scandale pour les voisins.

Or, le 6 juin 1914, le maire avait pris un arrêté interdisant de faire jouer aucun instrument de musique dans les cafés sans autorisation du maire.

Le 5 novembre 1915, l'arrêté fut à nouveau affiché.

Confiante en la protection de ses seigneurs et maîtres, la tenancière du débit passe outre de l'interdiction. Procès-verbal, amende de 5 francs en sont les conséquences.

Le commandant intervient. Il prétend que le bataillon a autorisé les débitants à faire de la musique.

Le maire riposte par son arrêté, et finalement l'emporte quant au fond. L'amende pour cette fois sera levée. Permission de faire de la musique sera accordée, mais seulement le dimanche et deux heures seulement par dimanche, pas le soir et surtout aucun bal ne sera toléré.

L'ordre est suivi, les Felgrau décampent et vont ailleurs.

Entre temps, une mesure moins bien goûtée avait abaissé la ration de pain de 300 grammes à 250 grammes.

Terminons cette série par cet ordre, monument de la Kultur allemande, en voici la douceur vis-à-vis des... animaux !

« 7 décembre 1915 : Ordre de Monsieur le Kreischef « (affiche). J'ai remarqué souvent en ces derniers « temps que les bêtes sont traitées cruellement, soit « par brutalité, soit par manque de savoir. En parti- « culier, j'ai remarqué que des voitures étaient trop « chargées en sorte que l'on tapait d'une façon insensée « sur des bêtes fatiguées ; que par de forts froids des « chevaux en sueur restaient longtemps sans couver- « tures dans les rues et notamment devant les cafés ; « que les chiens étaient attachés à des voitures en « marche rapide ; que des oiseaux chanteurs étaient « exposés dans leur cage sans autre abri à la brûlure « du soleil ou au froid ou en bien d'autres cas encore.

« Les curés et les instituteurs de l'arrondissement « doivent recevoir des instructions pour que les grands « et les petits reçoivent des instructions pour lutter « contre les cruautés infligées aux animaux. En plus, « je prie MM. les Maires des cantons de faire savoir « aux habitants par l'entremise de leur maire qu'à « l'avenir je punirai sévèrement chaque cas de cruauté « qui viendra à ma connaissance. »

Transmis par le Maire de Givet.

LES CENTRALES

Au cours de l'année 1915, par une réglementation incessante, l'administration militaire a mis la main sur tout, à l'aide de la saisie hypocritement faite en vue de l'intérêt des populations.

Mettre au point tous les détails de cette saisie générale pour en tirer le maximum d'effets utiles, telle sera sa tâche durant les années suivantes. Il fallait tout d'abord décongestionner les services militaires, trop chargés et par cela même impuissants. C'est le but poursuivi par la création de ces centrales qui, au travers de toute la Belgique, poursuivront chacune la réalisation d'une main-mise efficace sur un groupe bien déterminé de denrées.

C'est d'abord la « obst centrale », (centrale des fruits) qui le 30 novembre 1915 manifeste son existence :

Tous les détenteurs d'oignons y compris expéditeurs, entrepositaires, et dépositaires, sont obligés de déclarer au bureau central des fruits à Bruxelles, toutes les quantités qu'ils ont en leur possession.

Le Commissaire civil.

Une « kriegs leder actiengesellchaft ! » (centrale des cuirs), est organisée par arrêté du 22 février 1916 : ramassant les écorces productives de tan, elle nous fera obtenir l'autorisation d'exploiter la coupe affouagère, malgré l'interdiction du général.

L'orge et l'escourgeon sont le domaine de la « Gestern central ».

Une « oelcentrale » (central des huiles), détient le monopole des huiles, savons, pétrole, carbure, et déchets d'os, surveille en particulier la fabrication du savon par l'apposition d'une bande de garantie qui indique le payement de l'impôt.

La « kochlen central » (bureau des charbons), nous laissera tranquille en 1916. Mais la « kadaver-Vermelstungs-Anstallt central » ne garde pas le même silence :

« 24 janvier 1916. — Ordre de la commandantur. — « Arrêté de M. le Gouverneur général concernant faire « valoir tout cadavre d'animal :

« Tout cadavre animal, ainsi que toutes les viandes « non mangeables, toute graisse et entrailles, toutes

« rognures de boucheries, doivent être délivrées à
« la Cadaver Vermelstungs Anstallt 3, à Andenne,
« Libramont et au Châtelet. La commune doit conclure
« un contrat avec la écorcherie qu'elle les cadavres et
« les rognures à livrer a été au moins une fois par
« semaine, deux fois venir prendre. » (Textuel).

La « Ernte kommission » (commission des récoltes),
déjà créée durant l'été, avait présidée à l'élaboration de
la règlementation concernant les céréales panifiables.

La plus tenace de ces centrales fut la K. V. S.
Kartoffel Versorgungt Stelle (bureau de répartition
des pommes de terre.)

Jusque-là, les pommes de terre avaient échappé à
l'emprise allemande.

Le Comité National pourvoyait dans la mesure du
possible aux besoins des habitants qui en manquaient.
L'autorité allemande se substitua au Comité pour
effectuer la répartition. La K. V. S. déclara saisie la
récolte de pommes de terre faite en Belgique.

Le 2 décembre 1915, une note au maire demande un
relevé des marchands de pommes de terre. Puis sur
ordre du Commissaire civil est posée le 19 décembre
l'affiche :

*Tout chef de famille possédaut au moins 5o kg. de
pommes de terre doit en faire la déclaration au
Commissaire civil par la mairie du 20 au 23. Déclarer
également les besoins pour la consommation jusqu'au
3o juin et la quantité nécessaire pour la semence s'il
y a lieu. Le maire invite ses administrés à faire des
déclarations les plus exactes possible, car il pourrait
y avoir des vérifications.*

Le Maire.

Les résultats s'établissent ainsi entendu déclarations
faites :

5

1. Besoins semences . . . . 33.505 kilos
2. Besoins nourritures . . . . . . 111.240 kilos
       Total. . . . 144.745 kilos
3. Stocks . . . . 95.170 kilos
4. Manquant . . . . 49.575 kilos

Le 21 janvier 1916, il faut indiquer :

Nombre actuel des habitants au total.
Combien sont producteurs y compris leur famille.
Combien ne sont pas producteurs.
      Note Commissaire civil (Extraits).

Puis le 31 janvier les maires sont convoqués à Givet où des instructions leur sont données. La population doit être rationnée à 300 grammes. Il faut engager les habitants à planter des pommes de terre et indiquer les quantités de semences dont on aurait besoin. Mais, avisée le 20 février qu'il y aurait lieu de fournir des semences pour 23 hectares, l'autorité se dérobe :

Vu les renseignements reçus, il sera prudent de ne retenir pour la prochaine semence qu'une quantité égale à la plantation reçue et de couvrir les besoins pour le ravitaillement de la commune au moyen d'achats.

S'il est impossible de couvrir vos besoins dans les communes environnantes, il y aura lieu de faire par mon entremise une demande à la Kartoffel versorgungstelle. Il résulte de ce qui précède que des requêtes pour livraison de pommes de terre pour une quantité plus forte que la normale ne trouveront que peu de considération.

Les termes ambigus de cette circulaire laissent percer notre destin. Alors que l'an dernier, la liberté du trafic a permis au Comité de nous pourvoir de pommes de terre, la saisie effectuée cette année dans l'intérêt général ne nous permettra pas d'en obtenir et il est des malheureux qui ont fait 80 km. pour se procurer quelques pommes de terre achetées en fraude à des prix inouïs.

La K. V. S. ne répartit que du... papier !

« Les pommes de terre sont déjà tellement rares « que la plus grande économie est recommandée « dans leur emploi », fait-elle afficher le 2 mars 1916, alors que le commissaire civil déclare que :

« Les communes feront comme s'il était impossible « de se procurer des pommes de terre, » (Instructions à la réunion des maires le 15 mars 1916.)

Et cette année déjà les rutabagas servirent d'ersatz.

Cependant, il faudrait planter des pommes de terre, afin que l'hiver prochain on puisse attendre les largesses de la K. V. S.

Des démarches sont faites. La Hollande est sollicitée. Mais le commissaire civil « défend d'entrer en « relation avec les lieux hollandais de toute espèce « concernant la fourniture de pommes de terre. »

Le motif de cette défense est légitime : « ... autre-« ment l'uniformité dans le point de vue de l'intérêt « des communes serait rompu » (note comm. civil, 20 mars).

Eh oui ! l'autorité s'occupait des semences ! Elles arrivèrent enfin au moment où une période de pluie rendait impossible tout travail, et plantées en mai, elles ne produisirent rien, cependant que la K. V. S. se promettait de nous faire payer cher le service qu'elle affirmait nous avoir rendu.

CERTIFICATS D'IDENTITÉ
RECENSEMENT

Toutes ces mesures nouvelles n'empêchaient nullement l'effet des prescriptions antérieures, rappelées d'ailleurs de temps en temps.

Chaque mois, à grand renfort d'affiches, les contrôles se répétaient. Celui de mars appela les jeunes gens nés en 1898. Il avait d'ailleurs été précédé de cette note :

Malgré que les maires ont été demandés à plusieurs reprises de chercher dans les communes tous ceux qui devaient être soumis au contrôle, mais qui n'y sont pas encore, et de les annoncer, il a été trouvé, surtout en ces derniers temps, des cas fréquents de personnes qui se sont soustraites jusqu'ici au contrôle.

Vous êtes de nouveau énergiquement demandé de faire de suite des recherches sérieuses et d'annoncer dans les 10 jours toutes les personnes en retard. Si passé ce délai, on trouvait encore des personnes qui se sont soustraites au contrôle, le bureau des déclarations se trouvera dans la nécessité de sévir énergiquement contre la négligence des maires.

DIETMAR, Hauptmann.

Le 14 mars, tous les anciens militaires durent se faire contrôler.

Les certificats d'identité étaient toujours de règle, mais leur délivrance était de plus en plus entourée de règlements. Les premiers donnés avaient été rentrés pour le 1ᵉʳ novembre et remplacés par d'autres :

Par suite des expériences faites, il a été reconnu nécessaire de compléter les certificats d'identité pour obtenir la possibilité de se renseigner sur la personnalité du porteur. Dans ce but, on établira à l'avenir les certificats d'identité suivant la nouvelle formule :

1. Nom et prénoms. Pour les femmes mariées, prénom usuel, nom du mari, puis après « Geborene » (née) le nom de jeune fille.

2. Date de naissance.

3. Lieu de naissance.

4. Age.

5. Profession. Indiquer exactement.

6. Taille.

7. Domicile.

8 et 9. Ancien domicile et date d'arrivée dans la commune.

10. Autre domicile éventuel.

11. . . . .

12. Comme on a fait l'expérience que les certificats ne sont pas toujours remplis avec les soins nécessaires, et que souvent on inscrit les renseignements demandés au demandeur, il faut indiquer quelles sont les pièces de légitimation qui ont servi de base pour obliger l'employé à se faire délivrer tous les documents possibles.

Extraits d'un Règlement du Gouverneur Général.
12-10-15.

Et chaque mairie dut tenir un registre des certificats d'identité délivrés. La fraude devient de plus en plus difficile.

Si un certificat d'identité est perdu, il faut demander au Passburo (Bureau des passeports) l'autorisation d'en délivrer un nouveau sur lequel sera apposée la mention « Duplicata » (Kreischef. 15-12.)

Tous les habitants doivent continuellement avoir sur eux leur certificat d'identité : du moins ainsi l'ordonne la commandantur par ses notes du 11 mars, 5 avril, 13 avril 1916 :

Non seulement les personnes qui seront trouvées sans carte d'identité, mais encore les maires qui en sont responsables seront punis de 25 marcks d'amende ou de 5 jours de prison.

Comm. 5 avril. Extrait...

A dater du 9 juin « ordre Commandantur : les « certificats des personnes décédées doivent être « remis à la Commandantur. »

Comme beaucoup perdent leur carte :

Il sera défendu aux personnes qui perdront étourdiment leur carte d'identité de quitter leur domicile pendant une longue période de temps.

Ordre du Général. 21 juin.

Et, le 29 juillet, la mesure est renforcée d'une amende de 5 marcks.

Voilà pour les humains. Les animaux à leur tour sont embrigadés.

Lorsque fut ébauchée la réquisition des chevaux, il avait été nécessaire d'établir dans les mairies, puis dans les Commandantures, la liste des chevaux, liste que vérifia une revue de ces chevaux. Chaque bête reçut un numéro.

Mais ce ne fut que le 6 janvier qu'un règlement intervint :

« Tout changement à l'état des chevaux doit être « annoncé au Pferde Dépôt dans les 48 heures.

D'autre part :

« Si un cheval meurt, on devra annoncer le témoi- « gnage d'un vétérinaire allemand ou belge donnant « le signalement du cheval et la cause de la mort. Le « cadavre doit être livré à l'autorité allemande. »

L'HIVER 1915-1916

Et, marqué par ces ordres, l'hiver 1915-1916 s'écoulait lentement. Les demandes faites pour obtenir du pétrole étaient restées sans résultat. Il fallut suppléer par des moyens de fortune.

Heureusement le carbure ne manqua jamais ; nécessité rendant ingénieux, on fabriqua des lampes rudimentaires formées de deux boîtes, l'une contenait de l'eau, et on y plongeait la deuxième fermée par un bouchon entouré d'étoffe assez lâche et contenant le carbure. Le bec était fait d'un culot de cartouche soudé au couvercle et surmonté d'un bec en terre réfractaire.

Le réglage en était difficile : trop peu de gaz brûlant sans lumière ou trop de gaz faisant éclater le récipient.

Le chauffage se réduisit au bois, heureusement fourni en abondance par les parts affouagères.

Mais la charge imposée par le chauffage des troupes se logeant au village fut souvent très dure. Le feldmagasin lui-même ouvrit des brèches larges dans nos provisions.

D'ailleurs, ces logements de troupes imposaient aux communes qui en étaient affligées des charges toujours croissantes. Le commissaire civil fit étudier et organiser un district de réquisition composé de dix communes ayant à supporter les charges de l'occupation au prorata de la population. Il est vrai que les nôtres n'en furent guère diminuées. Le district comptait pour 5.438 habitants, et seules trois communes en groupant 873 n'avaient pas de logement de troupes.

La légère diminution en résultant était largement compensée par la présence onéreuse à Vireux-Molhain d'une gare et d'une Commandantur.

1916.

Dès février 1916, l'autorité allemande tint à préciser qu'elle entendait que tout ce qui pouvait être cultivé le fût, et à deux reprises, les 18 février et 10 mars, le maire dut certifier qu'aucun terrain ne resterait inculte.

Malgré ces assurances, le 5 avril la Commandanture revint à la charge :

« Monsieur, je vous prie d'avoir soin que tous les
« champs de votre commune soient cultivés complè-
« tement et en temps durant cette année. Surtout, il
« faut exploiter le plus intensivement possible toutes
« les terres qui ont déjà cultivé dans les dernières
« années.

« Cette année on ne doit laisser la jachère en friche
« autant que faire se peut. Les fonds incultes ne
« doivent être cultivés que quand il y a plus d'engrais
« qu'il n'en n'est besoin pour les terres cultivées.

« Particulièrement, il faut étendre la culture
« d'avoine, betteraves, pommes de terre, petits
« légumes. Quant aux betteraves je vous rappelle
« les publications dans les numéros 32-37 du
« *Cultivateur.*

« En outre, je vous prie de me faire savoir le plus
« tôt possible s'il y a dans votre commune des jardins
« dont les propriétaires sont partis et qui ne seront
« pas cultivés cette année, aussi s'il y a des terrains en
« avoine qui ne sont pas cultivés. »

Orts Kommandantur (5 avril 16).

La réponse vaut d'être citée :

« ... En ce qui concerne l'avoine, il sera impossible
« d'en semer cette année, l'avoine qui a été récoltée
« dans la commune ayant été fournie aux réquisitions,
« il n'y en a même plus pour nourrir les chevaux et
« l'on ne trouve pas à en acheter au dehors.

« A plusieurs reprises nous avons demandé au
« Feldmagasin de nous fournir de l'avoine. Nous
« n'avons obtenu aucune réponse. »

Le Maire (5 avril).

Et en attendant la récolte, l'autorité en profita pour
rééditer ses anciennes mesures. Les chiens ne doivent
pas sortir sans muselière :

« Comme à présent on voit beaucoup de chiens non
« muselés dans les villages, je vous prie de me faire
« savoir tout de suite qui est chargé dans votre
« commune de faire prendre et de tuer les chiens non
« muselés, si celui-ci fait encore deux fois par jour la
« ronde dans le village, *et pourquoi il n'a pas pris ou*
« *tué de chiens. A l'avenir il sera puni.* »

Commandanture. (13 avril).

La surveillance des fils télégraphiques incombe aux communes :

« Il est nécessaire d'augmenter le nombre des gardes communaux ».

Les lumières doivent être obscurcies et en aucun cas, ne doivent être visibles de la rue (ordre 1er mai).

Le 1er mai est introduite l'heure d'été et à ce propos les Allemands veulent s'ingérer dans le domaine scolaire :

« Il faut observer strictement l'heure scolaire. En
« prévision des chaleurs, pendant l'été, je laisse aux
« communes le soin de fixer les heures des leçons de
« l'après-midi. »

Ordre 30 avril. Le Kreischef.

Mais après échange de notes entre maire et autorités, les choses restèrent en l'état habituel. Notons cet ordre du 18 juillet 1916 :

« Monsieur, je vous prie de me faire savoir jusqu'au
« 3 septembre combien d'éclairage on a consommé
« pendant les mois de mai, juin, juillet et août,

> 1° avant la guerre ;
> 2° en 1915 ;
> 3° en 1916.

« Combien à peu près a-t-on économisé en consé-
« quence du temps allemand et s'il y a encore d'autres
« avantages de cette institution, ou quels désavantages
« ont été remarqués. »

La Commandanture.

Réponse :

« Pendant les mois d'été, les jours étant longs, les
« habitants ne se servent pas d'éclairage. Il ne peut
« donc y avoir d'économie d'éclairage par suite du
« temps estival allemand. »

Le Maire.

C'est à cette époque que les noyers furent coupés et enlevés.

Enfin, la bataille de Verdun amena au pays une grande quantité de soldats.

Jusqu'alors c'est le maire qui avait dû les loger chez l'habitant. Mais leur nombre augmentant, l'autorité militaire avait déclaré loger elle-même. Or le village n'avait pas de noms indiqués au coins des rues, pas de numéros aux maisons.

L'autorité allemande fit combler cette lacune :

Les maires sont obligés de faire mettre à la porte de chaque maison de leur commune, une carte comme la ci-jointe qui contient le nombre des habitants et doit être estampillée aux portes des maisons abandonnées.

Le maire est responsable qu'une telle carte soit toujours à la porte de chaque maison et que chaque carte est conforme à la vérité.

En cas de logement il faut que les logeurs mettent à leur porte à côté de la carte des habitants une carte de logement. Il faut que celle-ci soit remplie et estampillée par le maire. Le maire est responsable ou le logeur lorsqu'il est présent que la carte du logement dure et soit enlevée après le départ des logés.

Le maire doit avoir soin que toutes les maisons de sa commune porte un numéro visible et que toutes ces choses soient finies pour le 24 mai.

Ceux qui contreviendront à ces ordres seront punis d'un emprisonnement de 10 jours ou de 50 marcks d'amende.

Commandandur (15 mai).

Et le 17 mai 1916, ordre fut donné de mettre au coin des rues des plaques « le trait blanc et sur fond autrement. »

Enfin vint le mois de juin. La Commandanture l'inaugure :

« Monsieur, je vous prie de me faire savoir et de

« publier dans votre commune qu'il est défendu de
« faucher ou de faire brouter les herbes dans les
« terrains d'Etat, comme par exemple dans les routes
« d'Etat, sans la permission de l'autorité militaire et
« qu'il faut que tous qui pensent en avoir le droit se
« présentent à la Commandanture avec leur permis
« jusqu'au 15 juin.

« Vous aurez soin que toutes les prairies, tous les
« prés, ainsi que tous les terrains communaux soient
« fauchés en temps utile, et vous annoncerez à la
« Commandanture de Vireux quand un terrain reste-
« rait sans les herbes ne seraient pas fauchées.

Le 8 juin 1916.

LA VIE CHÈRE

Mais l'attention fut détournée par une question qui,
à l'état latent depuis quelques mois, éclata à Vireux
vers le 20 juin 1916 et connut des heures passionnées.
La cherté de la vie, et en particulier celle des œufs,
du lait et du beurre capta un moment toutes les idées
des habitants.

Comme conséquence des acquisitions des soldats
qui achetaient à des prix inouïs le beurre et les
œufs, soit pour eux, soit pour leur famille en Allemagne, des achats aussi des civils employés par
l'ennemi et qui, gagnant bien leur vie, n'hésitaient pas
à payer plus cher ces denrées si recherchées, bien des
producteurs n'avaient pas tardé à augmenter considé-
rablement leurs prix.

Ceux-ci devinrent vite inabordables pour la majorité
des habitants, vivotant du fruit d'un rare travail à
peine rétribué ou de leurs faibles allocations, cependant que les produits de ferme constituaient le seul
appoint possible aux denrées parcimonieusement
accordées par le ravitaillement.

Le prix du lait surtout faisait l'objet de nombreuses
plaintes et la fabrication rémunératrice du beurre

restreignant la vente diminuait notablement les seules ressources des malades, des vieillards et des enfants.

Devant les doléances répétées, le maire se décida à agir.

Il fit donc afficher un appel aux cultivateurs :

« La vie est chère, la détresse est grande, et c'est au
« moment où l'ouvrier reçoit à peine le sixième de son
« salaire normal, que les denrées de première néces-
« sité sont vendues le double de leur prix. Le beurre
« atteint un prix inouï, le lait suit la même voie
« douloureuse. Cependant la vieille terre féconde
« nourrit le bétail comme auparavant. Il y a du foin en
« abondance, de gras pâturages, et la main-d'œuvre
« est à moitié prix.

« Nous faisons appel au sentiment d'humanité des
« producteurs pour l'alimentation de leurs conci-
« toyens, et leur demandons de vendre à des prix plus
« doux. Ceux qui profitent de la guerre pour s'enrichir
« sont de mauvais citoyens.

Affiche, 24 juin 1916.   Le Maire.

Et en même temps, doutant de l'efficacité d'un appel platonique, il demande au commissaire civil de taxer le lait à 20 centimes le litre.

Celui-ci répondit : « Selon des informations objec-
« tives de la part des compétents, le lait ne doit pas
« être vendu plus de 25 centimes le litre, même en
« tenant compte des circonstances actuelles… Ceux
« qui vendent plus devront être punis suivant l'article
« 412 du Code pénal. »

Cette réponse affichée le 9 juillet provoqua une situation délicate. Tandis que quelques cultivateurs ramenaient leur lait à 25 centimes, la majorité s'y refusa et fit du beurre, cessant la vente du lait.

Aussi, tandis que le maire faisait afficher :

« A Andenne un cultivateur vend son beurre 1 fr. 75
« la livre, à Tom Samson les cultivateurs ont décidé

« que le beurre serait vendu 2 francs la livre, les œufs
« 2 fr. 60 le quarteron (26). Les cultivateurs de cette
« région ont reconnu que ces prix étaient rémuné-
« rateurs... »

Il demanda l'autorisation de réquisitionner purement et simplement le lait, cependant qu'il interdit
l'exportation du lait, du beurre et des œufs. L'autorisation ne venant pas, il prit un arrêté interdisant
aux cultivateurs de faire paître leurs animaux sur les
terrains communaux sans autorisation.

Toutes ces mesures firent peu. Mais l'Œuvre de la
Goutte de Lait créée à cette époque diminua l'acuité
de la question en fournissant du lait aux petits
enfants.

L'approvisionnement en beurre fut un peu mieux
assuré. Après différents arrêtés bien vagues du
Gouverneur général, soucieux de ménager les
cultivateurs qui fournissaient aux soldats, le 27 octobre
parut un règlement du commissaire civil.

D'après ce règlement long et ambigu, tout propriétaire de vache doit fournir un kilogramme de beurre
par vache et par semaine. La livraison hebdomadaire
faite à un délégué communal sera répartie à raison de
100 grammes par non producteur et par semaine, et
les quantités restantes versées à l'Union Centrale,
serviront à une augmentation éventuelles des rations.

« Si malgré tout, ajoutait la note, je n'obtiens pas un
« résultat satisfaisant, je proposerai à M. le Kreischef
« de réquisitionner les vaches à lait des cultivateurs
« récalcitrants. »

Très bien, mais au prix de mille difficultés, le maire
a obligé les cultivateurs à fournir leur lait aux
habitants.

Si le beurre doit être fourni, le prétexte sera beau
pour cesser une vente acceptée à contre-cœur et la
situation délicate de juillet renaîtra.

La commune, écrit le Maire, compte 51 vaches à lait ; 18 vaches sont sèches.

Nous n'avons que 12 cultivateurs produisant du beurre. En admettant que ces 12 cultivateurs fournissent 30 kilos par semaine ; que ferons-nous avec cette faible quantité si nous n'en recevons pas d'ailleurs. Il nous faudrait 130 kilogrammes pour distribuer 100 grammes.

D'autre part, si les cultivateurs produisent du beurre, ils ne peuvent plus fournir de lait et c'est là une grave question.

La production totale de lait par jour n'atteint pas 1 litre de lait par ménage. Qu'adviendra-t-il si tout le lait produit est transformé en beurre ? En outre les ménages ont l'habitude de mélanger un peu de lait avec leur café et la population renoncerait volontiers à la faible ration de beurre lui revenant pour conserver son lait.

En présence de cette situation, j'ai l'honneur de vous demander pour ma commune, l'autorisation de ne pas fournir de beurre.

Maire à Commissaire civil, 28 novembre 1916.

Mais :

Le fait qu'un cultivateur vend du lait aux habitants ne le dispense aucunement de fournir hebdomadairement 1 kilo de beurre,... il leur reste alors encore assez de lait pour servir la population.

Lettre Commissaire civil, 30 novembre.

Et comme il y a punition à la clé, force est de se soumettre. Cependant certains cultivateurs n'ont jamais fait de beurre. D'autre part, le lait manque. Le Maire fait de nouvelles démarches. Cinq cultivateurs livreront du beurre. Les autres vendront leur lait à la population et la livraison sera règlementée par arrêté municipal.

Mais ce n'est que le 16 février 1917 que nous profitâmes des livraisons de beurre, 50 grammes pour la première fois et par la suite 100 grammes tous les vendredis.

Notre ordinaire s'augmenta donc d'un peu de beurre à 4 fr. 20 le kilogramme. Nous avions eu d'ailleurs en juillet un supplément formé de pain hollandais. La première distribution avait eu lieu le 16 juillet (1 kilo par semaine). Mais le pain voyageant 7 ou 8 jours arrivait à demi pourri. Un envoi dut même être enterré. D'ailleurs ralenties en septembre, les distributions cessèrent en octobre.

INTERMÈDE

Le 7 juillet, pour la première fois nous eûmes des nouvelles directes de France par la Croix-Rouge.

Ces trop rares messages de 20 mots vinrent dissiper bien des inquiétudes, mais leur régularité laissée à la fantaisie de la censure allemande fut déplorable. Nous avons eu depuis la preuve que un cinquième à peine des messages nous parvinrent.

Cette perle, avant des soucis plus graves :

Monsieur, je vous prie de me faire savoir s'il y a dans les bois de votre commune gros gibier, des cerfs et des chevreuils, et quel est le nombre à peu près des mâles et des femelles.

Orts kommandantur, 4 juillet.

LA RÉCOLTE DE 1916

Cette petite diversion ne fit pas oublier à l'autorité que l'époque des récoltes arrivait. Le feu fut ouvert par une note du 20 juillet 1916 demandant d'estimer le rendement de la récolte :

Le rendement est compromis par les intempéries et par les plantes parasites que la pluie a fait éclore.

(Réponse du maire).

La suite ne se fit pas attendre :

La récolte d'avoine en 1916 est saisie.

(11 août 1916.)

Les céréales sont saisies au profit de la population, quiconque en disposera sera puni de 5 ans de prison, ou 20.000 marcks d'amende, plus confiscation des stocks.

(19 août).

Ce sont les mesures édictées en 1915, mais cette fois les tractations de l'an dernier n'auront aucun succès. Se basant sur les déclarations d'étendue fournies au printemps, la Provincial Ernte Komission établit des « cartes d'information » indiquant aux producteurs les quantités qu'ils doivent fournir, défalcation faite des quantités laissées pour la nourriture, car les récoltants ne toucheront plus de farine.

Mais la mesure ne s'appliquant qu'aux cultivateurs ayant plus d'un hectare, les cris sont peu violents : les affouagistes ne protestent pas.

Quant à l'avoine, il est bien entendu qu'elle est saisie. Mais à présent tous les chevaux sont réquisitionnés et travaillent pour l'autorité allemande. Comme il faut les nourrir, la récolte bien insuffisante nous est laissée.

Mais des nouveautés marquent l'époque. Ne pourrait-on suppléer aux spoliations vraiment maigres par l'obligation insoupçonnée d'autres livraisons. N'y a-t-il pas l'ortie, ce précieux « ersatz » du lin et du chanvre.

Monsieur, je vous prie de me faire savoir s'il y a des femmes ou enfants qui seraient prêts à ramasser des orties, combien coûterait à peu près le salaire, quelle quantité on pourrait récolter ?

Commandanture, 12 juillet.

Plus impératif, le Commissaire civil prescrit aux Directeurs d'école d'engager « les élèves à ramasser les orties ». Mais « il n'y a pas d'orties, les habitants « en ont enlevé les jeunes pousses pour nourrir leurs « porcelets. Ce qui reste est insignifiant et ne vaut pas « le temps qu'on passerait à les cueillir.

Maire à Commissaire civil. — 10-8.

Et comme nous ne sommes pas au temps des travaux forcés la question est classée.

Même tentative au sujet des noyaux :

Il se présente l'occasion de procurer un gain considérable aux nécessiteux de votre commune en recueillant les noyaux.

Dans le cas où des quantités insuffisantes de noyaux seraient fournies par les communes, il en résulterait qu'on n'emploie pas tout le sucre livré (?) pour faire des confitures ; par conséquent je diminuerai la quantité mensuelle de sucre.

Le kilo de noyaux se paie 0 fr. 15 (suivent instructions pour le séchage)... Veuillez, sur mon ordre formel, engager chaque direction d'école de veiller à ce que les prescriptions suscitées soient aussitôt dictées aux élèves.

KUHN, commissaire civil.

Le sucre livré pour faire des confitures !... Que faut-il admirer, ou l'aplomb du Civil Kommissar ou la réponse des populations qui oublièrent les livraisons de noyaux.

L'osier tente aussi ; le 1er août, le 18 août, des ordonnances prescrivent sa cueillette, mais : « il n'y a pas d'osiers dans la commune ».

Le Maire au Kreischef.

Le feldmagasin se met de la partie : il lui faut des glands. Sa demande est exaucée ; on ramasse les glands... mais pour faire du café ersatz.

La Obst centrale, pour ne pas rester en arrière, offre d'acheter des noisettes à 1 franc le kilo, des baies d'aubépines à 0 fr. 25 le kilo. Elle espère sans

6

doute une bonne récolte : aussi demande-t-elle « s'il y
« a dans votre commune des tonneaux de fer zingués
« au dehors et au dedans d'une contenance de 200 à
« 300 litres ? »

Commandantur, 24 septembre.

Demande sans résultat.

LES CHOMEURS

Malgré tout cet appareil, la question des récoltes
ne passionna pas l'opinion trop inquiétée par les
mesures de plus en plus menaçantes au sujet de ceux
que l'autorité appelait chômeurs, hommes de tout
âge que la guerre avait détournés de leur travail à
l'Usine en partie fermée en 1914.

Jusqu'en 1916, à part l'ordre du 24 octobre 1914,
prescrivant aux mobilisables de travailler sous les
ordres des commandants allemands, l'autorité n'avait
encore inquiété personne. Elle profitait indirectement
du travail de tous par les saisies dont elle avait frappé
tous les produits. Mais peu à peu elle avait mis la
main sur certains ateliers et adapté leur outillage à
son usage.

Le pont en fer, nécessaire à l'évacuation du bois des
Rois qu'elle exploite, et aussi destiné à remplacer le
pont de bois trop peu solide depuis l'inondation de
décembre 1915, avait été construit du 11 juillet au
15 décembre 1916 par une équipe d'ouvriers flamands
réquisitionnés du territoire d'étape. Il fallait des
ouvriers pour l'entretien des voies de chemin de fer
comme d'ailleurs pour l'abatage des peupliers saisis,
pour l'usine d'Aubrives et pour les multiples services
installés à Givet.

Aussi, soit par des offres alléchantes, soit par des
menaces, l'autorité essaya d'enrégimenter des travailleurs volontaires. Après s'être enquis du nombre des
chômeurs (1er juillet), elle voulut mettre obstacle aux
travaux que la municipalité organisait pour leur venir

en aide. Elle interdit d'en commencer de nouveaux, mais par contre, fit afficher :

Le sergent Schlenk accepte pour l'usine d'Aubrives encore quelques ouvriers. Les conditions sont les mêmes qu'avant la guerre.

Commandantur, 21 juillet.

Monsieur, je vous prie de faire savoir à tous les sans-travail que la Commandanture de Vireux les aidera à trouver l'occasion de travailler quand ils s'y présenteront.

Commandantur, 23 juillet.

Ce même jour est posée l'affiche mensuelle du contrôle. Mais la mention : « Il n'entre pas dans les intentions de l'autorité d'incorporer les surveillés », etc., a été omise.

La panique s'empare de tous : le bruit d'un enlèvement prochain prend de telles proportions que le maire est obligé de le démentir par affiche.

Le 19 août, nouvel appel :

L'autorité allemande embauche à l'usine d'Aubrives...

Pour les ouvriers qui veulent rester la semaine à Aubrives, il y a occasion de dormir.

Sergent SCHLENCK.

Le 22, la commandantur s'en mêle :

L'autorité allemande a besoin pour le déchargement de fer six hommes. Parce que dans votre commune se trouver des chômeurs pouvez-vous commander ces hommes avec facilement d'autant plus qu'hommes gagneront 5 francs par jour.

Ces appels produisent peu. Quelques ouvriers se sont embauchés, mais la masse reste.

Il faut plus : c'est à quoi pourvoit le Meldeamt :

« Vous êtes tenus d'envoyer à Givet au plus tard « jusqu'au 16 une liste nominative de tous les

« chômeurs ou sans travail restant dans votre
« commune, classés d'après les branches de profes-
« sion. Les noms des personnes connues comme
« ayant aversion pour le travail sont à inscrire d'un
« signe spécial. »

Et toujours l'hypocrisie, mais déjà tempérée par
une restriction : « Il y a lieu de faire remarquer qu'il
n'existe *pour les hommes prêts au travail* aucune
mesure coercitive pour les forcer au travail, ni les
envoyer en Allemagne. On cherche à leur donner de
l'ouvrage dans leur propre intérêt et dans celui de la
commune. »

Meldeamt. 12 octobre 1916.

La Commandantur exige le même état pour le 18.
Mais qu'est-ce au juste qu'un chômeur ? La Commandantur nous renseigne :

« 1. Sont sans travail tous les hommes secourus par
l'assistance publique ou privée, y compris par le
Comité ;

« 2. Ceux qui sont occupés par la commune comme
nécessiteux ;

« 3. Les ouvriers d'occasion. »

(Il faut entendre par là, ceux qui n'ont pas le métier
d'avant-guerre, et ils sont nombreux dans notre
région industrielle où les ateliers sont fermés.)

Extrait ordre du 17 octobre.

D'ailleurs, autre précision :

« ... Pour apprendre les chômeurs, c'est tout à fait
insuffisant de publier l'ordre à la sonnette et d'inviter
les chômeurs à se faire inscrire. Les personnes
indiquées sont bien connues des fonctionnaires de la
commune et faciles à trouver des organismes de la
police. Toute défectuosité sera punie sévèrement.
Ordonnance impériale du 28 décembre 1899, art. 18 »

Extrait o/ Command. 18-10.

La liste fait ensuite la navette entre mairie et Commandandure, car évidemment elle comprend des inexactitudes.

« Votre arrestation se fera aussitôt que la Commandanture aura prouvé par le contrôle que la liste n'est pas encore exacte », écrit la Commandanture le 9 novembre.

Et contrôle d'ailleurs, il y a !

« Dans la liste donnée vous avez porté « travaille régulièrement » à 7 ouvriers, mais en réalité ils ne travaillent du tout. »

Comm. 18 nov. 1916.

Jusqu'alors, il n'y a eu aucun dommage. Mais l'inquiétude grandit, surtout lorsqu'on rapporte le 26 novembre, qu'à Hargnies sont passés 40 jeunes gens belges à qui leur refus de travailler volontairement vaut l'emprisonnement en Allemagne.

Aussi les craintes sont grandes le 5 décembre, lors du contrôle mensuel qui pourtant se passe dans le calme.

Les demandes d'ouvriers recommencent, cependant que certains croyant éloigner le danger changent l'indication de leur profession sur la carte d'identité.

On raconte qu'une intervention neutre a fait cesser les enlèvements de chômeurs. L'autorité cesse ses menaces, mais conserve la liste, dont elle exige un contrôle mensuel. La tranquillité venait, mais hélas ! pour peu de temps.

Le bagne entrevu devait être une réalité !

CHOSES ET AUTRES

Occupés par la question des chômeurs alors à son début, nous fîmes à peine attention à cet « avertissement » affiché le 3 août :

Une fois de plus on profite de l'offensive des forces anglo-françaises, secondées par des troupes jaunes, brunes et noires, pour répandre des bruits fantastiques et dénués de tout fondemeut annonçant que les troupes allemandes vont évacuer la Belgique. Le but de ces agissements est des plus évidents. On veut inquiéter la population du pays et en se basant sur la prétendue incertitude que présenterait l'avenir proche, détourner les habitants de leurs travaux réguliers, qui sont la condition sine qua non de l'ordre public et de la satisfaction personnelle. Des meneurs impardonnables s'adressant à des ouvriers qui, après un chômage plus ou moins long, gagnaient à nouveau leur vie, ont même essayé de les décider à abandonner l'ouvrage.

Ainsi que je l'ai fait précédemment, en de semblables circonstances, je mets encore une fois les habitants travailleurs et raisonnables formellement en garde dans leur propre intérêt contre des faux bruits et contre les menées tendant à troubler une vie paisible et à les priver de leur gagne-pain régulier. Un avenir proche montrera combien j'étais en droit d'adresser ce nouvel avertissement à la population.

Les autorités placées sous mes ordres ont été chargées de rechercher ces propagateurs de fausses nouvelles et de les punir sévèrement. J'engage ceux parmi les habitants qui font preuve de clairvoyance dans le travail et de zèle à ne pas cesser de croire que, secondé par mon administration, je m'efforce toujours, tout en tenant compte des autres missions qui m'incombent, de veiller mieux au bien-être du territoire qui m'est confié que tous ceux qui excitent à la haine et à la résistance et dont je ne tolérerai pas les agissements.

Affiché le 3 août 1916.

Freiherr von BISSING.

L'entrée en guerre de la Roumanie provoque le contrôle des sujets roumains à dater du 4 septembre.

La laine des moutons tondus doit être remise à la Commandanture le 5 septembre; ainsi en décide le Kreischef par ordre du 4.

Les cultivateurs ont à méditer : « Pour produire « autant d'aliments que possible, pour hommes et « animaux, il est nécessaire que la culture d'automne « soit faite avec tous les soins et que tous les champs « propres à la culture soient cultivés. De même il faut « que la plantation du blé, celle des pommes de terre, « ainsi que celle des fruits oléagineux se balancent. « Sommation d'exécuter. »

Commandantur, 21 sept. 1916.

Le 27 septembre, un incident faillit tourner mal : Trois jeunes gens sont arrêtés sous l'inculpation d'avoir insulté des soldats allemands. Le maire est appelé à la Commandanture. Après discussion et menaces, il rapporta une interdiction pour les hommes de 15 à 30 ans de se trouver dans la rue après 9 heures (temps estival allemand). Notons que l'heure de police était fixée à 11 heures.

Enfin le retour de l'hiver ramena la théorie des prescriptions concernant l'éclairage et la surveillance plus rigoureuse occasionna de nombreuses amendes.

Et poursuivant sa main-mise sur tout, la vente des sabots fut interdite sans un passavent de la Centrale.

LA CONTRIBUTION DE GUERRE

LES IMPÔTS

L'arrêté du 3 janvier 1915 disait : « A l'avenir les « lois belges sur les impôts et sur la douane seront « appliqués sur le territoire français Givet-Fumay. »

Jusqu'alors, en application de cet arrêté, l'autorité militaire ne nous avait encore imposé qu'un versement de 1 franc, le 24 mars 1916, correspondant à un droit de douane sur 10 kilos de levure envoyée d'Allemagne.

C'était trop beau. Aussi par arrêté du 1er novembre 1916, le Gouvernement général nous imposa de nouvelles charges :

Article Ier. — L'arrêté du 3 janvier 1915 est abrogé en matière de contributions directes..., droits de licence... ; cette abrogation a effet rétroactif jusqu'au jour de la mise en vigueur du dit arrêté. La législation française en matière de contributions directes et droits précités rentre en vigueur.

Art. II. — Conformément à l'article 48 de la Convention de la Haye..., les contributions prévues au § 1 et dues en vertu des lois françaises seront perçues au profit de l'Administration allemande pour la période commençant le 1er janvier 1916.

Art. III. — Les contributions directes seront perçues sur la base de l'imposition de 1914, de manière que le payement du montant total des contributions de l'Etat et du département incombe à chaque commune (?). Le chef de l'Administration civile pourra réduire le montant total des contributions en tenant équitablement compte, soit des dégâts résultant des événements de guerre, soit d'autres circonstances.

... Toutefois 10 o/o du montant réalisé des contributions sont attribuées aux communes à titre de frais de perception et d'administration.

> Extrait de l'arrêté sus-dit, avec la signature
> de Freiherr von Bissing, G^r G^{al} en Belgique.

Ce furent les droits de licence qui furent exigés les premiers :

Les personnes soumises à l'impôt de licence, les cabaretiers, les débitants, les marchands de vins (?), sont tenus d'acquitter les droits de licence pour 1916

dans les 8 jours ; les droits de licence pour 1917 sont
à payer anticipativement...

Lettre du Contrôleur allemand pour les Douanes.

Le 23 décembre, c'est la taxe sur les chiens qu'il faut acquitter avant le 4 janvier 1917.

Enfin « les communes s'acquitteront des impôts « directs dus en 1916 et en 1917 en deux versements « égaux devant s'effectuer les 1er mars et 1er avril à la « Deutsches Kasse à Fumay. »

La somme exigée par ces versements est de 39.072 francs soit 29 francs par habitant.

Comment et sur quelle base faire payer ces impôts aux habitants déjà sans ressources ?

Aussi le Conseil municipal, réuni le 21 février 1917, décida purement et simplement d'emprunter cette somme.

Donc nous étions redevenus Français au sujet des impôts. Pourtant nous restons belges, car cette nationalité est un profit pour les caisses allemandes.

Le 11 janvier, sans crier gare, la mairie était contrainte d'afficher que les deux cantons de Givet-Fumay étaient imposés d'une contribution de guerre de 625.000 francs payable le 20 janvier. Un consortium fut créé entre toutes les communes solidaires d'ailleurs quant au payement. Et la chasse à l'argent commence, peu fructueuse.

Le 20 janvier, on ne peut verser que 135.000 francs.

« Des otages ont été pris pour garantir le payement « de la totalité. Un délai de huit jours est accordé pour « parfaire la somme à payer. »

20 janvier 1917.   Mairie de Givet,

Parmi les otages, il y en eut deux de Vireux-Wallerand, dont la captivité fut abrégée par les efforts d'un industriel qui s'adressant au Président de l'administration civil à Namur, eut la joie de recevoir le 22 ce télégramme :

« Sous votre responsabilité personnelle j'ai demandé
« la libération des otages de ces deux communes (les
« deux Vireux). Libération accordée. »

Néanmoins il faut se hâter ! Le maire demanda alors
aux habitants disposant d'un peu d'argent de vouloir
bien le prêter à la commune et ajouta que les petites
sommes étaient acceptées. (Affiche 21 janvier).

Un effort fut fait. Un malheureux apporta même
5 francs. Et le 26 janvier la contribution était réglée.
La commune avait versé 47.415 francs, soit 34 fr. 70
par habitant.

Et comme si la mesure n'était pas comble, l'autorité
allemande, lasse sans doute des demandes de pétrole
ou de carbure qui lui étaient faites, ordonna l'installation de l'éclairage électrique, donnant un délai de
huit jours pour le travail devant entraîner une
dépense d'environ 15.000 francs.

Les démarches à faire, les autorisations à solliciter
ne permirent d'ailleurs d'avoir la lumière qu'en mars
1917, à la grande satisfaction toutefois des habitants.

Il est vrai que, par compensation, le Commissaire
civil consentit à nous accorder de la confiture, des
rutabagas à 9 francs les 100 kilos et des betteraves
torréfiées, ersatz pour remplacer le café.

INCIDENT

Il était dit d'ailleurs que ce début de 1917 nous
apporterait d'autres émotions.

Le 5 janvier, vers 5 h. 1/2 du soir, au moment où le
chef du contrôle devait descendre en auto d'Hargnies,
des soldats découvrirent un fil tendu en travers de la
route à hauteur de tête des automobilistes.

Le maire appelé à la Commandanture fut menacé
d'une forte amende si le coupable n'était pas découvert,
et il dut fournir la liste des notables, lesquels furent
astreints à faire constamment des patrouilles sur la

route, à l'époque couverte d'une épaisse couche de neige. Les patrouilles se firent par roulement du 14 au 27 janvier, à raison de 3 heures pour chaque notable.

Un jeune homme parti du pays au même moment est accusé de ce délit qualifié « crime ». Revenu peu après, et fournissant un emploi de son temps reconnu exact, il fut mis hors de cause, et le coupable resta introuvable, sans cependant, ô miracle ! que la commune soit autrement inquiétée.

LE CHARBON
LES COMBUSTIBLES

Aux tracas causés par l'occupation vint s'ajouter la rigueur exceptionnelle de l'hiver 1916-1917.

A vrai dire, grâce au stock de bois fourni par les parts affouagères, la population n'en souffrit que peu. Mais les Allemands augmentèrent leurs réquisitions. Dans nos classes exclusivement chauffées au bois vert, la température devint à tel point insupportable que nous dûmes fermer le matin.

Les autorités allemandes s'émurent (!) de la situation. Tandis qu'un arrêté du Gouverneur général ordonnait la fermeture complète des classes (14 février) — nous n'exécutons pas — une note du Commissaire civil prescrivit de « ne livrer que les quantités « nécessaires *strictement* au logement des troupes et « des autorités allemandes. » (17 février).

Et pour éviter toute méprise si la commune a besoin de charbon pour cet objet, il lui faut faire passer la commande par la Commandandure qui en vérifie l'urgence et alors en payer le montant d'avance. Inutile d'ajouter que pour tout autre but, il n'est point permis de demander du charbon. Mais la commune a des bois.

Ordre du Gouverneur de Namur, 5 mars :

« Le bois se trouvant à Vireux-Wallerand est saisi ! »

LES ÉVACUÉS DU NORD

Et à la fin de cet hiver si rigoureux, un triste spectacle nous était réservé.

Le 7 mars, le maire est appelé à la Commandanture où il reçoit des instructions :

Un train de 1.500 évacués de la région de Lens doit arriver le lendemain pour les deux communes et le surlendemain il en arrivera 800 autres dont 300 seront logés à Aubrives.

Ils seront logés chez l'habitant et dans les bâtiments communaux. Il faut réquisitionner le lait pour les malades et les vieillards. Le commissaire civil pourra fournir du charbon et du bois.

Des voitures devront être à la gare pour transporter les bagages. Une infirmerie devra être établie à la gare.

Il faudra en outre préparer de la paille pour le couchage.

Et en effet le 10, au lieu du 8 mars, dans la soirée, arrivent 1.500 malheureux que nous répartissons dans les deux communes. Quel triste spectacle : des gens manquant de tout, partis sans espoir de jamais revoir leurs maisons debout, ayant enlevé dans un encombrement de ballots le plus précieux de leur intérieur, hébétés par un voyage de 36 heures, avec arrêts, détours, et entassés dans des wagons à bestiaux, le tout succédant à deux ans et demie de séjour dans les caves, sous un bombardement incessant, dans une promiscuité des troupes de front.

Ils débarquent la nuit dans un pays inconnu, mais un élan de générosité a amené toute la population aux abords de la gare. Immédiatement ils sont conduits à Wallerand, où dans les écoles on leur sert une bonne soupe chaude, puis déjà un grand nombre d'entre eux se trouvent le soir même casés chez l'habitant. Il reste néanmoins quelques familles nombreuses qui long-temps devront loger dans les écoles.

Leur arrivée vient compliquer la tâche de l'administration communale. Il faut les pourvoir de tout.

Des soupes sont organisées. Des achats de matériel, literie et fourneaux sont faits par la commune. Du bois est distribué. Comité et mairie essayent de soulager la vie matérielle de ces malheureux, tâche difficile, car nous-mêmes sommes déjà bien pauvres.

Mais l'autorité militaire s'entend à merveille pour accentuer la lourdeur du travail, et sans noter la confection de listes répétées (j'en fis 78 du 10 mars au 15 août), elle établit une distinction entre eux et nous. Ces évacués viennent d'une région d'étape, administrativement différente, l'autorité conserve jalousement la différence.

LES CHOMEURS

(suite)

Tandis que ces malheureux évacués nous apprenaient ce qu'avaient été leurs souffrances, l'autorité militaire se chargeait de nous montrer que nous ne connaissions pas encore toutes les rigueurs de la botte allemande et infligeait à nos cœurs de nouveaux tourments. La question des chômeurs avait repris une acuité nouvelle lors de l'affichage de cet ordre subit :

Tous les sans-travail des communes sont sommés de se présenter au bureau des chemins de fer à Givet.

Le maire reçoit également l'ordre de cesser tous les travaux occupant les chômeurs.

Ordre du kreischef, 22 février 17.

Quelques-uns s'y rendirent et furent embauchés. Les autres ne furent nullement inquiétés. Mais l'effroi redoubla lorsque le 28 mars furent placardées d'énormes affiches roses :

L'autorité militaire ne tolèrera plus en aucun cas des ouvriers sans travail ou insuffisamment occupés. Nous vous conseillons donc de vous faire engager comme ouvriers libres pour éviter d'être transportés en Allemagne le jour de l'appel.

Comme ouvriers libres travaillant en Allemagne, vous aurez en outre les avantages suivants :

1. Vous serez traités et payés comme les ouvriers allemands de la même catégorie et selon vos capacités.

2. Contrairement aux hommes expédiés par la force militaire, vous pourrez disposer librement du salaire gagné et expédier de l'argent pour l'entretien de vos familles ; de même vous pourrez entrer en correspondance avec elles, et vous ne partirez pas immédiatement.

3. Vous pourrez contracter un engagement de 4, 6 ou 8 mois à votre choix. La signature du contrat vous garantit que le salaire et les conditions du contrat seront strictement observées par les patrons.

4. On vous offre un secours considérable en argent payable à vos familles et qui les mettra en mesure de subvenir à leurs besoins jusqu'au moment où vous pourrez leur envoyer de l'argent. Le montant de ces secours ne sera pas retenu sur vos salaires.

5. Après signature du contrat, vous serez muni d'une pièce qui vous garantit que vous êtes considérés à l'appel comme ouvriers pleinement occupés.

Outre des secours importants et absolument gratuits vous recevrez lors de la signature du contrat une prime personnelle de 50 francs qui vous permettra de vous procurer l'équipement nécessaire pour votre voyage.

Adressez-vous au deustches Industrie Büro.

L'appel n'a rien d'officiel ! il n'est pas signé et est imprimé sur papier de couleur. Le mot contrat y revient un peu trop souvent et trahit le désir d'avoir des ouvriers volontaires qui sont moins ennuyant que des ouvriers réquisitionnés et cédant à la force. Mais néanmoins l'effet produit est énorme : il provoque une panique le jour de l'appel, mais celui-ci se passe peut-être assez sévèrement, toutefois sans autre dommage.

Le 19 avril, la commandanture réclame une nouvelle liste des sans-travail. Mais ceux qui pouvaient s'embaucher le sont. Les pressions sont inefficaces, dn moins en égard au but que poursuit l'autorité militaire. Celle-ci ne se rebute pas et prescrit le 14 mai à tous les ouvriers de se présenter à la commandanture. L'ordre n'est nullement exécuté !

L'autorité prend alors une décision brutale :

Dans votre canton (Givet) il y a 13 communes où résident des employés de chemin de fer français au nombre de 149. Il faudra informer ces hommes qu'ils seraient envoyés en Allemagne comme prisonniers de guerre, s'ils ne prennent pas du service dans la Eisenbahnwerwaltung jusqu'au 30 mai. On notera tous les noms le 24 mai de ceux qui n'ont pas accepté à travailler. C'est vous qui doit faire les recherches et vous devez à chaque homme de prendre un engagement.

Ordre Commandantur, 19 mai 17.

Que la précision ne surprenne pas : tous les hommes sont embrigadés par le contrôle !

La réponse est digne de l'ordre :

Tous les 10 employés refusent de travailler.

La menace est exécutée : Le 30 mai, les employés reçurent l'ordre de se trouver le 1er juin à 6 heures allemandes devant la commandanture. Ils peuvent prendre avec eux leurs couvertures et leurs paquets.

Et le 1ᵉʳ juin les employés français partaient. Ce départ fut néfaste. Quoique l'autorité abandonnât pendant six mois la question des chômeurs, il laissa comme une épée de Damoclès suspendue sur la tête de nos ouvriers.

RAPINES

D'ailleurs l'autorité militaire devenait de plus en plus tracassière, et peu à peu s'emparait de ce que jusqu'à présent elle avait seulement enveloppé de sa saisie.

Sans parler des rapts de récoltes, elle s'attaqua à nos maisons, à nos propriétés.

Le 3 avril, elle inaugure ses vols par l'enlèvement des cuivres. Elle exempte il est vrai :

1. Les suspensions ainsi que les lampes à pétrole et les installations d'éclairage électrique ;

2. Les objets en cuivre fixés aux appareils de chauffage ;

3. Les poids en cuivre de 5, 10 et 20 grammes ;

4. Les balances, plateaux en usage ;

5. Les objets religieux ;

6. Les objets d'ornement se trouvant à l'intérieur.

Néanmoins, il reste bien des choses à prendre. Le premier vol est celui d'un alambic.

Le régime d'étape achèvera la besogne.

Vers le début de 1917, la commandanture fit couper 68 peupliers situés le long du chemin de halage, et non disposée à s'en tenir là, provoqua de nouvelles coupes :

« Veuillez nous informer jusqu'au 15 quels troncs
« convenables ont été choisis. Les qualités nécessaires
« sont les suivantes : On doit constater si les troncs
« sont sains, en outre il faut qu'on choisisse les pièces
« d'une taille svelte, d'un pourtour de 2 mètres
« mesuré au-dessus de l'écorce dans la hauteur de

« 1 m. 50... Les peupliers des avenues et allées sont
« saisis. »

Commandantur. 11-5-17.

Et sans même attendre, l'autorité choisit elle-même
les troncs qu'elle fit abattre. La besogne ne put être
terminée et il reste le long de nos routes des arbres
portant au flanc l'entaille et le numéro les désignant
à la hache teutonne.

Puis, pour réparer les dégâts causés, l'autorité
ordonna :

« D'après l'arrêt de M. le Kreichef, vous avez à
« remplacer les arbres *battus* le long des routes,
« avec peupliers.

Commandantur, 8-6-17.

Le 29 avril, ce fut le tour des fils barbelés :

« A votre connaissance que vous avez à faire pour
« le 29 avril une liste des propriétaires de vos
« communes qui ont entouré les jardins avec du
« fil barbelé. »

Commandantur.

Le lendemain l'ordre est d'ailleurs précisé : les
propriétaires ou les locataires doivent démonter ces
fils, les enrouler et les déposer à la mairie pour être
transportés à Givet. On prend seulement les fils ayant
une longueur de 150 mètres et plus, et on laisse un
fil à chaque champ. Une petite livraison est faite.
Trop maigre, sans doute, car un mois plus tard, il
faudra livrer les fils non barbelés !

Les Allemands s'étaient emparés de l'usine de
Vireux-Molhain pour y installer un magasin central
pour la 1re Armée. Il leur faut maintenant le château
sis à Wallerand, où loge le directeur.

Le 16 mai, à 15 heures, cet ordre est apporté au
maire :

« Monsieur F..., château de Vireux-Wallerand, doit
« d'après l'ordre du Kreischef, quitter le château avec
« sa famille. Les meubles et tous les objets du château

7

« de ménage restent dedans. Monsieur le médecin
« militaire viendrai le 17 / 5 / 17 pour se loger dedans.
« Le château serait quitté jusqu'au 17 / 5 / 17 après
« midi 1 h. 1/2. La commune est annoncée de donner
« un logement à cette famille.

Ordre Commandantur.

Et dans le château s'installe un Offizier-Gene-
sungsheim, lazaret où viennent se retaper les officiers
blessés avant de retourner au front. Et ce lazaret,
nous crée des charges nouvelles : il faudra le meubler,
et luxueusement, le chauffer. Ne faudra-t-il pas, alors
que la population renforcée par les évacués en manque,
fournir chaque jour huit litres de lait.

Il faut aussi faire la police : « Les enfants de votre
« commune font toujours du bruit et même jettent
« des pierres contre le mur du château. »

Commandantur (18 juillet).

Le 17 mai, un ordre de livraison des locomobiles
reste sans suite : il n'y en a pas dans la commune.

Mais au sujet des moutons, pas d'échappatoire :
« La tonte des laines doit être terminée le 10 juin et la
« laine livrée ici sans retard. »

Commandantur (20 mai.)

Le 24 mai, c'est la déclaration des pins, sapins et
mélèzes qui marque une nouvelle étape des vols de
bois et que complète la main-mise sur les ormes et les
frênes le 25 mai.

La laine de moutons ne suffit pas :

« Tous les matelas se trouvant dans le territoire du
« Gouvernement général doivent être déclarés par
« écrit le 20 juin au plus tard à l'administration
« communale. Toute la laine rembourant les matelas
« et les coussins, qu'elle soit pure ou mélangée à
« d'autres matières, par exemple le crin, le varech, est
« saisie et doit être déclarée. »

Affiche du 15 juin 17.

Mais l'ordre en reste là : les précautions prises par les propriétaires de matelas pour les cacher ont été inutiles. Le vol de nos matelas ne devait avoir lieu qu'en mars 1918.

Le 20 juin : « les produits à base de soude doivent « être déclarés le 24 juin au plus tard au Bureau des « Matières premières, 30, avenue de la Renaissance, « à Bruxelles. »

Enfin à cette même époque nous dûmes payer 1.078 francs, représentant un droit de 14 francs par cent kilos de sel, versement prescrit comme droit de douane.

TOUJOURS DES " RÉQUISITIONS "

Ces rapts ne nous privent pas des réquisitions journalières occasionnées par le logement des troupes.

Glanons dans le relevé des réquisitions de mai à juillet 1917 ces quelques ordres :

1er mai : Fournir 11 lits.

7 mai : Envoyer un char avec un cheval devant la Commandantur.

12 mai : Fournir une chaise longue.

16 mai : Prière de remettre dans la maison Grand'-Rue, n° 1, du bois, deux tables avec banc, un pot pour cuire.

BERNACKER, Orts kommandant.

17 mai : Remettre dans la maison Casino, six bassins, trois seaux.

18 mai : Remettre Grand'Rue, n° 1, de la paille pour vingt hommes.

NICLICOL, Orts kommandantur.

22 mai : Prière de remettre dans la maison Château, un wagon de bois, un de charbon.

O. K. MOSSINGER.

28 mai : Prière d'envoyer encore ce jour une voiture devant l'église.

O. K.

Envoyer le 29 deux hommes avec une voiture à main pour charger différents objets.

O. K. MOSSINGER.

30 mai : Réparer la pompe qui se trouve 1, rue Campagne. Mettre une cuisinière dans la cuisine du château.

O. K. NICLICOL.

2 juin : Prière d'envoyer demain à 1 heure, deux voitures lourdes avec chevaux et cinq hommes pour transporter des baraques au château.

O. K.

10 juin : Prière d'envoyer trois voitures avec chevaux demain matin au Château. On a besoin aussi de dix hommes.

14 juin : Les quatre lits se trouvant 10, rue Haute, devront être transportés route d'Hargnies, n° 2.

O. K.

Dans la maison rue du Terne d'Hargnies, il faut 100 bottes de paille.

O. K.

18 juin : Mettre un bloc de boucher au Château.

O. K. MOSSINGER.

20 juin : Mettre l'éclairage électrique rue d'Hargnies, n° 3.

O. K.

22 juin : Mettre dans la maison rue d'Hargnies, n° 3, six lavoirs (bassins).

28 juin : Mettre au Casino des sous-officiers d'artillerie : 5 tables, 6 tables comptoir, 39 chaises, 1 fauteuil, 4 tableaux, 1 égouttoir, 1 bassin ovale, 1 pot verre, 100 soucoupes, 4 tables rondes, 24 chaises, 6 fauteuils, 1 glace, 1 porte-manteau, 15 cendriers, 1 piano, 16 salières huiliers, porte-carte, robinet, marteau de bois, 1 grand tapis, 4 nappes de table, 1 tablette de toilette, et l'éclairage

O. K.

Le casino meublé, que faut-il au chef ?

30 juin : Prière de remettre au sergent Nordschield
1 moulin à café, 1 petit couteau à hacher, 3 seaux,
1 casserole pour rôtir, 1 boîte fer *blanche* de 5 litres
pour fermer, 2 tables de toilette avec bassin, 1 miroir,
éclairage électrique.

Orts kommandantur.

9 juillet : Prière de remplacer les objets que les
soldats ont pris dans la salle des fêtes, principalement
des tables et des chaises.

O. K.

Les soldats sont tout aussi exigeants :

6 juillet : Prière de remettre dans la maison où sont
les artilleurs :
Une balance de cuisine avec poids,
Une chaise avec table (50 × 89),
Deux brosses à mains,
Trois torchons et quatre tabliers,
Quatre bassins,
Douze chaises,
Deux tables de 1 m. 50 sur 0 m. 80,
Quatre seaux à eau,
Cinq bâches.

Orts kommandantur.

Est-ce tout ? non ! le 23 juillet la Commandantur
reprend :

23 juillet : Prière de remettre dans la maison des
artilleurs :
Sept chaises,
Deux matelas,
Deux balais,
Quatre bêches,
Trois brosses à main,
Une machine à viande,
Un grand couteau,
Une hache de viande,
Une boîte pour mettre du café,

Une balance de cuisine 10 kilos,
Une grande cuiller à soupe,
Vingt assiettes,
Trois seaux,
Six torchons de table,
Six balais d'osier,
Une grande casserole pour rôtir,
Quatre attrapes à souris,
Une attrape à rat,
Quatre tabliers de cuisine,
Maison 6 et 36, lumière électrique.

Si la commune ne peut fournir tout, elle reçoit la permission de réquisitionner le reste dans la commune de Hargnies.

BERNACKER, Orts komm.

Et le jour où ces soldats partiront, ils enlèveront tout ce matériel et nous recevrons alors l'ordre semblable à celui-ci :

« Prière de remplacer les objets que les soldats ont
« pris dans la salle des fêtes, principalement des tables
« et des chaises. »

9 juillet 1917.

QUELQUES CHIFFRES

Ces ordres ne sont qu'un aperçu, qu'une glane parmi cent autres.

Qu'ont coûté ces réquisitions ?

Pour l'année 1917, la commune a fourni :

Bois	1.138 f 50
Charbon	7.139 50
Mobilier et ustensiles	6.516 65
Eclairage	3.175 30
Pétrole	142 80
Main-d'œuvre	4.436 15
Savon	262 85
Transport	5.019 00
Divers	5.076 10
Total	32.906 f 85

Ce sont là des dépenses faites par la commune dans la commune même. En réalité, la répartition des frais dans le district porta la part contributive de la commune à 40.479 fr. 15.

Notons qu'en 1915 nous avions déboursé 4.591 fr. 45.

La somme avait grossi en 1916, l'année avait coûté 16.715 fr. 60.

Maintenant, si nous voulons nous rendre compte du coût réel de l'occupation pour une commune de 1.200 habitants pour 1917, à ces . . . 40.479 f 15 ajoutant le montant de la contribution de guerre. . . . . 47.415 00 le montant des contributions pour l'année 1917, 39.072 : 2 = 19.536 fr. moins 10 % ou 1.953 fr. 60 ristournés à la commune. . . . . 17.582 f 40 et les dépenses nécessitées par l'installation des évacués et comptées jusqu'au 1er juillet seulement 13.547 15

Nous obtenons le total . . . . . . 119.023 f 70

soit 100 francs par habitant.

Et ne sont pas compris dans ces sommes, les avances faites par la commune qui avait pris à sa charge le traitement des fonctionnaires, de nombreuses allocations à femmes de soldats, ou les pensions des ayants droit, ainsi que les dépenses occasionnées par les travaux communaux organisés pour aider les chômeurs forcés.

D'ailleurs, au 9 juin 1917, la commune devait au seul Comité d'alimentation la somme de 342.221 fr. 89, montant des reconnaissances signées comme paiement des vivres reçus à crédit

Et malgré cette dette formidable, il avait encore fallu faire appel aux bourses des particuliers.

LES POULES ET LES ŒUFS

Reconnaissons qu'en compensation de toutes ces charges, l'autorité allemande faisait tout son possible pour soulager nos misères. Une règlementation trop précise devait nous donner du beurre. Une mesure analogue tendit à nous donner des œufs, dont le prix commercial en faisait une denrée inaccessible.

Le 21 juillet 1917, le commissaire civil nous gratifiait de cette circulaire portant le n° 12 :

Sous ce pli, veuillez trouver un arrêté de M. le Kreischef concernant le ravitaillement en œufs de l'arrondissement.

Le résultat du dénombrement des poules existants, suivant les § 5 de l'arrêté, est à envoyer en triple expédition pour le 31 courant.

J'attends que MM. les Maires prennent soin que le dénombrement soit fait de manière que toutes les poules seront comptées et je me réserve le droit de contrôler occasionnellement.

Après avoir fixé le dénombrement, j'émettrai le règlement d'exécution suivant l'arrêté et je vous en informerai.

Dr. RODHE.

ARRÊTÉ DE M. LE KREISCHEF

Concernant l'approvisionnement en œufs

Article 1

Devoirs imposés aux propriétaires de poules concernant la livraison des œufs.

Tout propriétaire de poules est tenu dorénavant de fournir jusqu'à nouvel ordre un œuf par poule et par semaine, au dépôt local de beurre de sa commune.

Art. 2

Les œufs restant aux propriétaires de poules après la livraison resteront la propriété du producteur qui pourra les vendre à l'amiable.

Art. 3

Le prix maximal, aussi bien pour les œufs vendus au dépôt que pour les œufs vendus à l'amiable est fixé à 25 centimes par œuf.

Art. 4

Il est défendu de tuer des poules sans l'autorisation du commissaire civil.

Art. 5

Pour constater le nombre des poules, les maires organiseront un recensement qui aura lieu les 26 et 27 courant. Tout propriétaire est tenu de faire ses déclarations quant au nombre de poules conforme à la vérité.

Art. 6

Un règlement d'exécution pour cet arrêté sera émis par le commissaire civil.

Art. 7

Les contraventions contre cet arrêté seront punies.

Von HUBER LIEBENAU.

Le recensement fut bien effectué. Puis on attendit les ordres. Ils vinrent le 22 octobre :

L'arrêté est suspendu en ce qui concerne la livraison des œufs. Il reste en vigueur quant à l'interdiction de tuer les poules.

Et chaque diminution du nombre déclaré obligea le propriétaire à porter le cadavre à la Commandantur !!

LE RAPATRIEMENT DES ÉVACUÉS

Une mesure causa plus de joie, quoique pleine de désillusions : ce fut le rapatriement des malheureux évacués du Nord.

Ces derniers arrivés le 10 mars avaient été embarqués avec la promesse que leur arrêt dans nos régions serait de peu de durée, et précéderait leur renvoi en France. Aussi leur impatience grandit vite ;

déjà le 28 avril, l'un d'eux avait saisi le ministre d'Espagne à Bruxelles de la question et en avait reçu réponse négative. Enfin, le 28 mai, une affiche leur avait donné une énorme espérance.

Notons en passant que l'autorité allemande les qualifiait de « réfugiés ».

« A l'égard du transport des réfugiés en France par l'intermédiaire de la Suisse.

« Veuillez nous faire connaître les noms, prénoms, âges, l'endroit d'où ils viennent ; la rue et le numéro de ces endroits, qui sont prêtes à partir pour la France.

« Le transport se fera en juin a. c., dont vous aurez à nous répondre jusqu'au 29 et à 7 heures centrales du soir. Les personnes sur la liste ci-jointe sont à prendre en considération en première ligne. Tous les frais du voyage sont à la charge des réfugiés.

« Il faudrait observer les personnes comme suit :

« *a)* Femmes et enfants qui sont séparés de leurs soutiens et qui manquent de ressources.

« *b)* Enfants qui ont été séparés de leurs parents par la guerre tout spécialement ceux qui sont signifiés par le *Comité Hilf fure Kriegs Gefangene Deutsche à Berlin* et à cause desquels on a déjà fait des recherches (c'est la liste ajoutée).

« *c)* Des malades et tout spécialement des malades de la poitrine à qui on ne peut donner les soins nécessaires.

« *d)* Des femmes et des enfants qui se trouvaient dans une bonne situation pécuniaire et dont les moyens tirent à leur fin.

« *e)* Des hommes pas capables de travailler ou pas soumis aux obligations militaires et qui resteraient à la charge des communes.

« *f)* Personnel sanitaire français dont on n'a pas besoin ici.

« Toutes les listes doivent être envoyées en triple.

« Pour les colis il faudrait observer qu'ils seront marqués d'une étiquette avec numéros suivant la liste combinée, rue, numéro, domicile. Les biens laissés s'il y en a seront conservés si possible.

« Il faudrait informer le public que après ce transport il est inutile de poser des demandes pour partir en France seul. »

La commandanture de la 2e compagnie.

Une note de la mairie de Givet étendit la joie à tous les habitants.

Les indigènes peuvent aussi faire partie du convoi.

Et toute la journée, nous fûmes assaillis de déclarations. La liste envoyée le 29 comprenait 1.100 noms dont 820 d'évacués.

Juin se passe sans que rien vienne calmer l'impatience. Comptant partir, les évacués se désintéressaient de tout souci matériel, faisant chaque matin des paquets qu'il faut, hélas ! défaire le soir.

Enfin, le 5 juillet, la commandanture fit paraître de nouvelles instructions :

Affiche 5 juillet 1917.

RAPATRIEMENT. ÉVACUÉS

« Il y aura deux trains par jour.

Prix du voyage :

2e classe grandes personnes 65 fr.

— de 4 à 10 ans 50 fr.

3e classes grandes personnes 45 fr.

— de 4 à 10 ans 35 fr.

« Bagages 30 kilos par personne pour 4 à 5 fr.

« La date du départ sera indiquée en temps opportun.

« Prendre avec soi : cuillère, fourchette, couteau, timbale gamelle, sur les bagages mettre une étiquette indiquant les noms, prénoms, domicile, numéro de la liste d'inscription, lieu de destination.

« On peut emporter :

1° Les livrets de caisse d'épargne ;

2° Bons de ville ;

3° Titres nominatifs ;

4° Monnaie française, 50 fr. plus les frais.

« On ne peut emporter :

1° De l'or,

2° Monnaie allemande ;

3° Les reçus de dépôts ;

4° Les titres au porteur ;

5° Les listes d'effets de commerce ;

6° Mandats chèques, lettres de change de crédit.

« On peut faire cacheter les valeurs permises par la Kommandanture. Les valeurs laissées restent la propriété des évacués, mais leur dépôt n'est permis que dans les banques belges sous forme de dépôt libre.

« Il est défendu d'emporter les certificats de dépôt, extraits de comptes, les numéros des effets déposés.

Recommandation : Ne pas essayer d'emporter les choses défendues, un contrôle sévère sera exercé.

P. S. — Pour la mairie :

« Faire la liste en 3 exemplaires, noms, prénoms, âge, lieu d'origine. Y joindre la liste des bagages. »

Ce fut alors du délire. Nous fûmes occupés pendant plusieurs jours, outre la confection des listes demandées, à changer en cachette de l'or contre des bons de ville. Mais les jours se passaient, les trains n'arrivaient pas. Il fallait évidemment que l'autorité militaire prît des mesures pour empêcher l'exode de ceux qui en France seraient capables de rendre des services.

« On a à prendre, écrivait le 15 juillet, le docteur
« Spinola, médecin du Gouvernement de Namur,
« toutes mesures pour que les évacués français
« masculins susceptibles de rendre des services soient

« soumis... à la visite d'un médecin supérieur... et les
« hommes trouvés capables des services doivent être
« écartés du transport. »

Enfin, un règlement difficilement élaboré vint
calmer les impatiences.

La mairie faisait afficher le 10 août :

Pour Vireux-Wallerand : 1er train le 15 août,
                              2e train le 16 août,
de Vireux à Schaffouse.

Des instructions précédemment données à la mairie
avaient fixé le programme des départs.

Les prix étaient diminués et s'établissaient en
3e classe à 33 fr. 20 et 24 fr. 50. Mais les indigents
partent également.

Chaque train comprend 450 voyageurs environ.

Les bagages doivent porter une étiquette ainsi
conçue :

> Train de transport n° ...
> Landsturm Bataillon Mannheim.
> Kreis Philippeville Givet.
> N° ...
> Noms, prénoms, domicile.

Et chaque voyageur doit porter au cou semblable
papier.

Les bagages doivent être à la gare quatre jours
avant le départ, les personnes six heures avant le
départ. Une visite médicale aura lieu à la gare. Le
premier train part sans encombre le 15 août.

Mais le deuxième, formé sur le papier, ne vient pas.

Que de doléances nous assaillent ce 16 août qui
devait voir afficher la liste des nouveaux partants !

L'autorité en envoie 24 d'un côté, 71 d'un autre, etc.,
soi-disant pour compléter des trains partants, mais
les malheureux doivent revenir d'autant plus déçus
que leurs espérances avaient été jalousées.

Quant aux habitants ils n'ont pas à penser partir.

Mais 362 évacués nous restent, bien déprimés.

Enfin le 22 août, la Commandanture reparle, mais vaguement, d'un rapatriement possible, précisant seulement qu'un départ aura lieu le 17. Mais le 11 un contre-ordre arrive et décide que les femmes et les jeunes filles seules ne partiront pas. Seules pourront partir les femmes avec enfants. Les enfants n'ont pas de cartes d'identité. Nous nous arrangeons alors pour que parmi les femmes qui veulent partir aucune ne soit sans enfants, et dans nos listes à la Commandantur, débaptisons des enfants qui se trouvent avoir une mère... postiche. Et le 17 septembre, la supercherie n'ayant pas été découverte, nous avons le plaisir de conduire à la gare 300 évacués qui vont vers des cieux plus cléments.

Il ne nous reste plus qu'une soixantaine d'évacués, dont une vingtaine de jeunes gens et hommes qui ont dû rester et que l'autorité militaire incorporera, 7 le 12 octobre, 12 le 3 novembre, dans des bataillons d'ouvriers civils, qui creusent des tranchées dans les Flandres !

LA RÉCOLTE DE 1917

Entre temps l'autorité militaire n'oublia pas la théorie des prescriptions concernant les récoltes. Mais elle donna à cette question une précision plus, complète en scindant la question en trois groupes rattachés à trois bureaux différents :

le commissaire civil pour les pommes de terre,

le kreischef pour l'avoine,

la Commission provinciale (Provincial Ernte Kommission) pour les céréales.

Une affiche posée en exécution d'un ordre impératif prescrivit le 20 mai de déclarer les cultures faites et chaque ménage dut indiquer la superficie des ensemencements faits en détaillant par espèces : blé, seigle, avoine, pommes de terre et même pois, haricots, carottes, tandis que le maire reçoit l'ordre de créer une commission des récoltes qui sera chargée de contrôler les rendements.

Le 7 septembre une circulaire fixa le statut des pommes de terre.

Circulaire n° 18. — La récolte des pommes de terre tardives ne peut commencer avant le 15 septembre...

Les commissions de récoltes créées dans les communes doivent entrer en fonctions dès à présent pour faire :

a) Le recensement des terrains cultivés en pommes de terre.

b) L'estimation du résultat de la récolte.

Le recensement des terrains cultivés est d'une importance capitale, vu que le manquant constaté de la plantation de ce tubercule n'a pas été remplacé par une culture quelconque. *La diminution provient de ce que probablement les déclarations sont inférieures...* Il y aura lieu de mesurer les divers terrains. Les fausses déclarations qui seront mises au point volontairement et dès maintenant seront exemptées de punition...

L'estimation du résultat de la récolte se fait de manière à vérifier le rendement sur une petite superficie pour établir une moyenne...

Ces travaux sont à exécuter dans le plus bref délai... Des commissions de vérification entreront prochainement en fontions...

Suit la mention : « Je ferai punir, etc... »

Der Civilkommissar,
Dr RODHE.

Et tandis que ces évaluations se faisaient, les maires convoqués à Givet y recevaient de nouvelles instructions. La récolte de pommes de terre est saisie (!). Le transport est interdit : on saisira les pommes de terre, le cheval, la voiture ! Il sera laissé au récoltant

190 grammes par jour soit 51 kilos du 15 septembre au 15 juin 1918, par personne et 2.000 kilos de semences par hectare. Le reste devra être livré au maire qui centralisera : 10 marks d'amende par kilo non fourni. On pourra plus tard donner aux non producteurs 150 grammes pris sur ces dépôts complétés par 150 grammes de rutabagas.

Et pendant que se fait la récolte, paraît sous forme d'une longue circulaire ce code amplifié de détails anodins :

POMMES DE TERRE
Avis de M. le Commissaire civil 20/9/7

AVIS

Concernant le ravitaillement en pommes de terre.

1° *Terminaison de la récolte de pommes de terre.*

Il importe que la récolte des pommes de terre tardives soit terminée le 1er octobre. Toutes les pommes de terre qui n'auront pas été arrachées pour cette date seront expropriées. *Il est défendu de déposer les pommes de terre dans des silos* avant que le contrôle militaire ait eu lieu. Il convient plutôt de les amasser bien en vue du contrôleur soit dans des caves, soit dans d'autres lieux appropriés et de séparer celles pour la consommation de celles destinées à la plante.

Les pommes de terre qu'on trouvera sous des rutabagas ou carottes, ou cachées d'une manière quelconque seront saisies.

2° *Saisie de la récolte de pommes de terre.*

Toute la récolte de pommes de terre de cette année sera saisie au profit du ravitaillement réglementaire de la population. Il en reviendra seulement aux producteurs :

a) la *semence* à raison de 2.000 kilos par hectare en se basant sur la superficie cultivée cette année.

b) pour la consommation une *ration de 190 grammes par bouche et par jour.* En comptant un déchet de 10 o/o pour perte de poids et détérioration, on laissera aux producteurs une ration de *60 kilos* par membre du ménage.

Tout producteur de pommes de terre recevra prochainement une carte d'information renseignant les quantités auxquelles il a droit en se basant sur les considérations ci-dessus.

3° *Fourniture de pommes de terre.* — Dès que la récolte sera terminée, tout producteur est tenu de fournir — sans invitation spéciale — au dépôt communal indiqué par le bourguemestre, la quantité de pommes de terre dépassant sa ration, prévue par l'article 2. Le bourguemestre lui délivrera un bordereau de réception muni du cachet de la commune qu'il présentera lors du contrôle (Article 7.) Le paiement des pommes de terre à raison de 20 francs les 100 kilos se fera plus tard. Des pommes de terre de mauvaise qualité sont refusées en général. Pour le cas où un producteur ne pourrait fournir que des pommes de terre de moindre qualité elles lui seront payées en conséquence.

4° *Obligation de déclarer les pommes de terre récoltées.*

A partir du 1er au 3 octobre, tout producteur de pommes de terre est tenu de faire à la mairie de sa commune une déclaration véridique de sa récolte totale. Quiconque fait de fausses déclarations ou se soustrait à cette obligation se rend coupable.

5° *Interdiction du commerce et du transport de pommes de terre.*

Toute tentative de soustraire des pommes de terre au contrôle, soit par vente, est sévèrement puni. Tout transport de pommes de terre sans permis de transport sera sévèrement puni. Je me réserve de saisir toutes les pommes de terre qu'on trouvera chez les non-producteurs, lors des contrôles et qui dépasseront les quantités auxquelles ils ont droit.

6° *Ramassage des pommes de terre.*

Les conditions établies pour le glanage s'appliquent aussi pour le ramassage des pommes de terre, dans les champs déjà récoltés. Il convient de montrer de bonne volonté au contrôleur les pommes de terre ainsi ramassées. Elles partageront le sort des pommes de terre récoltées, c'est-à-dire que les quantités dépassant la ration fixée devront être fournies au dépôt communal.

7° *Contrôle militaire.*

Je vous avertis dès à présent que très prochainement dans toutes les communes, des *contrôleurs militaires* feront des contrôles sérieux. Les détenteurs seront punis pour avoir essayé de les soustraire.

Givet, le 20 septembre 1917.

Dr. RODHE.

Les producteurs sont ennuyés. La pomme de terre constituant à peu près la seule ressource alimentaire, on avait évidemment cultivé le plus possible. Et le 20 mai, l'on s'était arrangé de façon à ne déclarer que la superficie devant produire environ la quantité autorisée à 300 grammes par tête. Mais la ration amenée à 190 grammes, le problème devient compliqué, d'autant plus que la moyenne du rendement est assez élevée. Tant pis, on enfouit des pommes de terre dans les champs et on diminue la déclaration, hélas ! trop forte encore, car il faudra livrer.

Et un contrôleur militaire, liste des déclarations en mains, passe dans nos caves. Il ne fut d'ailleurs pas bien terrible, se contentant des rectifications... obligatoires. Puis, tandis que le commissaire civil utilisait ses statistiques dans ce tableau :

Il résulte que dans votre commune

la superficie cultivée est 11 hect. 42 a.

le rendement moyen 6.500 kilos.

Vous avez récolté par conséquent 74.230 k. [1]
et vous avez besoin de 126.040 kilos.

Il vous manque donc 51.810 kilos.

Les producteurs recevaient des : « Cartes d'infor-
« mation concernant les dispositions prises au sujet
« de leur récolte de pommes de terre » :

« 1. Terrain cultivé :   h.   a.

« 2. Quantité destinée à la plantation : $20 \times$ $= ...$

« 3. Nombre de personnes ________

« 4. Pour votre alimentation : $60 \times$ $= ...$

« 5. Total   ...

« 6. Quantité à fournir au dépôt communal :   ...

Et ainsi furent à livrer 2.990 kilos pour parer aux
51.810 kilos manquants. Le commissaire civil abaisse
la ration de 40 grammes, aux non-producteurs, ce qui
amène le déficit à 34.680 kilos, moyen extrêmement
pratique pour combler un trou dans le budget... Mais
ne nous plaignons pas, car en annonçant cette
diminution le commissaire civil nous envoyait des
passavents pour nous faire livrer par des communes
voisines, 33.144 kilos qui tombèrent à 29.273 kilos
lorsqu'elles nous arrivèrent et permirent une petite
distribution.

D'autres mesures seraient sans doute intervenues,
sans le changement de régime.

Quoique marquée par de nombreuses affiches, la
question de l'avoine n'eut nullement cette amplitude.
Notre récolte étant très maigre et nos chevaux
travaillant pour l'autorité allemande reçurent même
de l'avoine du feldmagasin.

Par contre, la saisie des céréales eut un assez grand

____

(1) Les déclarations atteignant 72.245 kilos ; le contrôleur
avait dû rectifier pour obtenir ces 74.230 kilos. La récolte
réelle s'éleva à environ 90.000 kilos.

retentissement. L'arrêté du 23 juin 1917, édicté par le Gouverneur général, fixe d'abord les détails de l'évaluation :

« Art. 1. — Du 9 au 28 juillet, il sera procédé à l'évaluation du rendement de toutes les cultures de céréales...

« Art. 3. — L'évaluation aura lieu par commune par les soins de la P. E. K. (Provincial Ernte Kommission)...

« Art. 7. — Quiconque, volontairement ou par négligence, n'aura pas fourni les renseignements nécessaires qu'il est tenu de donner, ou aura fourni des renseignements, soit inexacts, soit incomplets, sera puni d'un emprisonnement de 6 mois au plus ou d'une amende pouvant atteindre 10.000 marcks. Les deux peines pourront aussi être réunies. »

L'évaluation est faite, mais ne nous est pas communiquée, et à l'aide des déclarations d'étendue du 20 mai, la P. E. K. pourra établir les cartes d'information d'après les prescriptions de l'arrêté du 19 juillet du Gouverneur général :

« § 1er. — Les blés de tous genres, c'est-à-dire le seigle, le froment et l'épautre devant être récoltés en 1917, sont en vertu du présent arrêté, saisis au profit de la population civile dès l'instant où ils sont fauchés et peu importe qu'ils soient mélangés ou non à d'autres céréales. La saisie s'étend aussi à la farine et aux produits des boulangeries et pâtisseries provenant du blé saisi. La saisie de la paille est levée après le battage, celle du son est levée dès que le blé est moulu...

« § 2. — Excepté lorsque les dispositions du présent arrêté en décident autrement, il est défendu de modifier les stocks saisis...

« § 3. — Les détenteurs des stocks saisis ont le droit

et l'obligation d'exécuter tous les ouvrages nécessaires à la conservation de leurs produits ; ils ont le droit et l'obligation de procéder au battage...

« § 7. — Le Comité de secours et d'alimentation obtient le droit exclusif d'acheter les stocks saisis... Cet achat ne met pas fin à la saisie.

« § 8. — S'il y a lieu, j'ordonnerai qu'une partie du blé saisi, 10.000 tonnes au plus, soit répartie entre les intéressés que je désignerai à cette fin, en vue d'être utilisée à la fabrication du malt employé comme succédané du café (Ersatz-Kaffe).

§ 9... c). — Quiconque aura enfreint les obligations qui lui sont imposées sera puni d'un emprisonnement de 5 ans au plus ou d'une amende pouvant atteindre 20.000 marks.

Mouture

« § 1. — Elle ne peut se faire que dans les moulins autorisés par la P. E. K.

« § 2. — Ne peuvent être ni offerts ou mis en vente, ni être vendus, achetés ou acquis de toute autre manière (!) les moulins à main pouvant servir à la mouture du blé.

(L'article arrive trop tard. On n'a pas attendu la défense et depuis septembre 1914, les moulins, voire même à café, broient les céréales qu'aucun arrêté du Gouverneur général n'a jamais pu empêcher de frauder.)

« § 3. — Le rendement de la mouture du blé tant indigène qu'importé reste fixé à 97 %. Ce pourcentage signifie que tout le blé doit être moulu intégralement sans que le son soit séparé.

« § 4 à 8...

Freiherr von BISSING.

La P. E. K. envoie alors des cartes d'information dans le genre de celles que le commissaire civil a établi pour les pommes de terre. Mais là impossible de frauder : la commission de contrôle a vérifié la surface des ensemencements, établi un rendement moyen.

Laissant au producteur la semence, puis 7 h. 7/10 de froment par personne et par mois pour sa nourriture, ces cartes indiquent le surplus à livrer. Et sur injonction de la « Central Provinzial Zivilverwaltung » sont livrés le 12 décembre :

6.520 kilos de froment.

2.301 kilos de seigle.

Une amende de 10 marcks par kilo manquant avait d'ailleurs été prévue.

Le reste devait être fourni avec moins de formalité.

LA FLACKBATTERIE.

Au début de la question des récoltes, un fait divers avait secoué quelque peu l'opinion publique :

Dans la nuit du 4 au 5 juin 1917, vers onze heures, nous fûmes tout à coup réveillés par une fusillade nourrie que dominait le ronflement d'un moteur. Un aéroplane venait nous rendre visite et lâchait quatre bombes qui, destinées sans doute à la gare, venaient éclater, trois à quelque cent cinquante mètres du but, la quatrième près d'un passage à niveau non loin du Magasin d'Etape. On a dit qu'au moment du bombardement stationnaient en gare quatre trains de munitions, dont des obus à gaz. En tout cas les bombes ne causèrent aucun dégât, mais le 20 mai, un ordre de la Commandanture prescrivait de « vider les maisons rue du Terne-d'Hargnies, et d'y mettre 160 bottes de paille ». C'était pour loger les soldats d'une batterie d'artillerie qui, s'installant sur le point culminant du village, avait pour mission de protéger les installations militaires allemandes. L'essai des pièces eut lieu le 26 juin :

Ce jour-là, le 26 juin 17, le soir après 6 heures, l'artillerie tirerait quelques coups de canon dans l'air. La commune est annoncée que les puces des obus tombent, peuvent blesser les habitants. La population est à annoncer de rester dans les maisons.

(Ordre textuel de la Comm.)

En attendant qu'elle serve, cette batterie sut bien nous ennuyer de ses réquisitions et ajouta une charge nouvelle à celles qui nous écrasaient déjà.

C'est le 1er septembre 1918, vers 1 heure du matin, que pour la première fois, elle fut utilisée contre un aéro d'ailleurs très pacifique et qui devait durant un quart d'heure essuyer le feu allemand.

LE VOL DES BOIS DE L'ÉTAT

Entre Vireux et Hargnies existait une belle forêt appartenant à l'Etat et nommée : Le bois du Roi. Du taillis émergeaient de superbes troncs bien conservés, des réserves de chêne et de hêtre.

Ces belles pièces devaient tenter les Allemands qui en effet s'en emparèrent, abattirent le bois et installant sur les lieux même outre une équipe d'ouvriers, une scierie, débitèrent les troncs en billes, façonnant les déchets en bois de chauffage qu'ils offriront aux communes à des prix élevés.

Durant les premiers mois de 1917, le transport de la forêt à la gare se fit en lourds camions-automobiles aux roues cerclées de fer. Mais bientôt l'autorité rêva une amélioration : la réquisition des chevaux :

Veuillez afficher et sonner sans délai que chaque propriétaire de voiture qui pourrait être employé au transport des arbres sont obligés de déclarer ces voitures à la Commandanture de Vireux.

12 sept. 1917.

Orst kommandantur, I. V. ZENKERT.

Pourtant nos chevaux sont déjà bien occupés. Une note de la mairie en date du 20 septembre nous apprend que sur 26 chevaux qui nous restent :

Sont saisis par l'autorité : 19 — dont :

pour le transport des poteaux, 4

pour le transport des perches de la coupe, 6

pour le feldmagasin, 7

pour le transport des écorces, 1

pour le lazaret, 1

De plus occupé au ravitaillement, 1 ; par la commune 1.

Enfin une jument poulinière depuis 3 jours, soit 22 indisponibles. Restent donc 4 chevaux, utilisés au travail des champs.

Néanmoins, il faut exécuter la réquisition :

Il faut que les deux communes s'arrangent pour envoyer quatre voitures à deux chevaux pour conduire les arbres. Les voitures doivent se présenter lundi 24 chez Oberjager Paul, à Hargnies, Bureau du Forstamt. Les communes informent la Commandanture aussitôt que les voituriers sont partis.

19 septembre.

O. K. ZENKERT.

Le service s'organise ; notre commune fournit quatre chevaux.

Ne nous plaignons pas, c'est la Commandandur qui paie : Une note du 27 octobre accuse l'envoi de 349 fr. 85 pour transports de la semaine.

Dès novembre, ce sont trois voitures, qu'il faut fournir. Et même le 8 novembre 1917 :

Veuillez fournir pour demain deux chevaux avec les harnais. Le voiturier doit se présenter chez le sergent-major Veisshaupt, à la scierie du bois des Rois. Prévenez le voiturier qu'il doit prendre des provisions pour huit jours, puisque les chevaux y restent.

Orts Kommandantur.

Les gelées n'empêchent nullement la réquisition :

« Concernant le voiturage à Hargnies on a décidé ce qui suit : Il est convenu avec le Kreischef qu'à l'avenir vous devez envoyer à Hargnies deux voitures à quatre chevaux en bon état qui désormais y seront mis à l'abri pour ce temps d'une semaine. Les voituriers sont tenus de se munir de provisions pour ce temps.

« Les deux voitures se présenteront pour la première fois dimanche *9 décembre* chez M. le Oberjager Paul... qui prendra soin de remiser chevaux et voitures. En outre, la commune de Wallerand fournira à partir de lundi 10, une voiture à deux chevaux qui pourra revenir le soir, pour compenser le nombre de voitures non fournies. Ensuite le maire est chargé de veiller à ce que les chevaux soient bien ferrés et que les fers soient munis en hiver de crampons à vis qu'on peut visser et dévisser suivant la température.

« M. le Maire est responsable de la stricte exécution de cet ordre. En cas de non observance, il sera sévèrement puni.

11 décembre 1917.

Orts kommandantur.

Quelles paperasses. Et pourtant :

« Etant donnée la pénurie générale en provision de papier il est nécessaire d'en faire un emploi très économe.

« Je vous prie, par conséquent pour l'avenir, de ne choisir pour les documents que le format adéquat à l'importance des communications ou des délibérations. Les feuillets non écrits seront coupés et utilisés par ailleurs... »

Der Président der Zivilverwaltung in Namur :
Freiherr von HUNDT.

Mais malgré cette spoliation de nos bois, la question du chauffage se posa encore en l'hiver 1917.

Le Commissaire civil avait prescrit par circulaire

du 19 septembre, d'établir des stocks de charbon dans les chefs-lieux de canton, stocks qui ne serviront qu'à fournir du combustible indispensable à la population indigente en cas de grand besoin.

Donc les communes ne pouvaient compter sur ce charbon pour lequel le commissaire civil exigea néanmoins le versement de 2.347 fr. 50 à titre de provision. Le maire essaya alors de se procurer du charbon, mais la Kolhencentral, ne le lâchant pas volontiers malgré des prix élevés, d'autre part le bois de la coupe affouagère étant suffisant, il ne fut pas donné suite aux démarches.

En outre, il fallait chauffer les troupes. Une circulaire de l'administration civil du 1er août prescrivait dans ce but, l'utilisation du bois et à cet effet la création de dépôts de bois à brûler.

Et le 22 septembre, la commandanture ordonna une enquête au sujet du bois à abattre.

Afin de ménager nos coupes, le maire demanda au Forstamt de lui céder du bois provenant des déchets de l'abattage du Bois du Roi.

La réponse parvint le 5 octobre complétée le 7 octobre :

Comme suite à votre demande, il vous est communiqué que 490 stères de bois à brûler au prix de 7 marcks par stère. Les ouvriers qui scient le bois en bûches de 1 mètre, les arrangent en stères devront cependant être payés par vous.... Pour les déchets...., le prix est de 12 marcks par stère.

Note de la Schwellengewinnungstelle à Fumay.

Tous frais compris, ce bois volé à la France, serait donc payé près de 20 francs le stère. Le maire demande et obtient l'autorisation d'exploiter une coupe communale.

DERNIÈRES SAISIES

Complétant ses saisies, l'autorité militaire exigea le 21 décembre la déclaration des tissus, de la bonneterie, des articles de rubannerie, du linge de lit ou de table.

Le 12 décembre, elle avait fixé la contribution de guerre 640.000 francs pour les deux cantons soit pour la commune :

24.290 fr. 50 pour l'échéance du 1er décembre 1917

24.290 fr. 50 pour l'échéance du 1er février 1918 payées aux dates fixées.

Puis, le 26 décembre elle exigea le paiement des impôts directs en 1918.

Mais les ordres deviennent rares. Dans les bureaux du commissaire civil où nous sommes appelés le 5 janvier, nous remarquons un affairement inaccoutumé. Le commissaire civil se refuse à toute communication à ce sujet. Mais le dernier ordre du Kreischef en date du 10 janvier 1918, nous fixe sur notre sort, et ce n'est pas sans appréhension que nous lisons :

Le 15 janvier 1918, à 10 heures du matin, le territoire de Givet et Fumay qui appartenait jusqu'à présent au Gouvernement de Namur entrera sous l'ordre de l'Inspection de l'Etape.

LE CAMP DE PRISONNIERS

Avant d'aborder cette dernière partie de notre histoire et d'ouvrir les portes de ce bagne que nous devions connaître, reportons-nous de quelques mois en arrière.

Le 2 septembre 1917, les Allemands créèrent à Vireux-Molhain, à quelques mètres de la gare, un camp de prisonniers et amenèrent là 100 Français, 30 Sénégalais et 80 Anglais.

Immédiatement la Commandanture fit publier une annonce interdisant l'accès du camp.

Veuillez laisser sonner immédiatement :

Il est défendu de remettre ou de jeter des objets aux prisonniers. Il est permis d'apporter les vivres et les paquets destinés aux prisonniers à la mairie.

L'entrée du camp ainsi que l'entrée de la place où les prisonniers travaillent est interdit...

Les sentinelles ne se firent pas faute d'exécuter leur consigne et l'aide apportée directement ne put être qu'infime.

Mais le maire, admirablement secondé par la générosité des habitants, pourtant bien pauvres, entreprit d'utiliser cette bonne volonté de tous.

Obtenant la permission de pénétrer dans le camp, il fit afficher qu'il recevait à la mairie les dons faits par les habitants.

L'aide était la bienvenue si l'on en juge par ce billet :

Je n'ai qu'une mauvaise chemise, pas de caleçon, et pas de chaussettes. Ce serait avec plaisir que je les recevrais, si vous pouviez m'en faire parvenir.

P. E. 359ᵉ d'inf. 19ᵉ comp.

Le maire s'adressa au Comité de Secours pour lui demander des vêtements que malheureusement il ne put fournir. Une demande faite au Commandant pour autoriser le transport de 300 paires de sabots de Oignies à Vireux (transport interdit par les règlements en vigueur) eut plus de succès et comme corollaire, il est fait appel le 21 aux jeunes filles de bonne volonté pour faire des chaussons.

Malheureusement, la charité publique est bien impuissante après trois ans de guerre. Aussi le maire s'adresse aux communes voisines, demande encore des jeunes filles ou femmes pour laver et raccommoder des vêtements (24 septembre-1ᵉʳ octobre.)

Déjà nos prisonniers recevaient la soupe journalière, la boisson qui venaient comme supplément de la ration allemande.

L'appel aux communes est entendu :

C'est le maire de Chooz qui met des légumes à notre disposition. Rancennes envoie 130 fr. 25, produit d'une collecte, Foisches 122 fr. 70 en remplacement d'un envoi de légumes non autorisé par l'autorité allemande, Charnois 60 francs. Le maire de Givet s'occupe surtout des vêtements.

« La question des vêtements, écrit-t-il le 29 octobre, a présenté de grandes difficultés. Après avoir frappé à plusieurs portes,... M. H... a mis à notre disposition le stock lui restant en magasin.

« Je vous adresse aujourd'hui, avec une voiture de légumes, ces vêtements soit : 210 paires de chaussettes, 210 chemises, 210 pantalons, 210 vestons, 105 gilets, 117 écharpes. Ce lot coûte 12.242 fr. 50. L'Agence belge nous fait don de 4.242 fr. 50, différence 8.000 fr. que nous répartirons entre nos communes. Je joins également 1.100 paquets de cigarettes... »

Le 28 novembre, 100 nouveaux prisonniers arrivent, mais ils reçoivent déjà des colis de France alors que les anciens n'ont pu encore en obtenir. Ils sont confondus avec les premiers : la charge en est plus lourde, la charité devient plus grande.

Le 6 décembre, ils partent. Montés en wagons à 18 heures, ils attendent jusqu'au lendemain à 7 heures. Deux cents personnes environ assistaient à leur départ, bourrant leurs poches de friandises diverses.

Leur lettre d'adieu fut pour nous un réconfort puissant :

« Monsieur le Maire,

« Nous ne pouvons quitter Vireux sans adresser à la population tout entière nos sincères remerciements. Nous vous prions d'être auprès d'elle notre interprète.

« Notre séjour dans votre ville laissera dans la mémoire des prisonniers du camp, un souvenir ineffaçable. Il n'est pas possible d'oublier quelle était notre dépression physique et morale à notre arrivée ici, et quelle fut la transformation après un séjour passé parmi vous. Si nous avons eu quelques heures d'oubli depuis notre captivité, nous vous le devons. Grâce à vous, nous sommes redevenus des hommes et si de nouvelles souffrances nous guettent, nous saurons les supporter avec toute la dignité compatible avec le nom de Français.

« Merci au nom de nos familles pour les souffrances épargnées à leurs chers soldats. Je voudrais que notre Patrie se souvienne de votre générosité et qu'elle donne à votre ville si parfaitement française la récompense qu'elle mérite.

« Recevez une dernière fois, monsieur le Maire, avec nos respectueux hommages, les remerciements de tous les prisonniers heureux d'avoir été vos hôtes. »

(Suivent les signatures de tous les prisonniers du camp de Vireux, fiers de leurs compatriotes).

LE COMITÉ D'ALIMENTATION

Le changement de régime marqua la fin du Comité d'Alimentation né au début de l'invasion. A titre d'indication, notons les distributions pour décembre 1917.

Affiche du 2 décembre :

Lundi 3

Pain : 800 grammes 0 fr. 35.

Levure pour les personnes inscrites, le kilo 2 fr. 60.

Mardi 4

Denrées pour la période du 19/11 au 2/12 pour qui n'a pas eu sa ration.

Mercredi 5, Jeudi 6
Pain : 800 grammes.

Affiche du 6 décembre :
Vendredi 7
Denrées pour la période du 3 au 16/12
Biscuits : 1 kilo 1 fr. 75.
Viande : 500 grammes 1 fr. 50.
Saindoux : 100 grammes 0 fr. 40.

Samedi 8
Fin de la distribution

Dimanche 9
Pain : 800 grammes.

Lundi 10
Fin de la distribution du 8.

Mardi 11
Nouvelles denrées pour la 1re période.
Riz : 200 grammes 0 fr. 25.
Flocons de riz : 200 grammes 0 fr. 25
Lard : 100 grammes 0 fr. 40.
Haricots : 500 grammes 0 fr. 40.
Torréaline : 100 grammes 0 fr. 75.

Mercredi 12
Pain.

Jeudi 13
Vendredi 14
Farine du 17 au 30 décembre.
(Nous avions le droit d'opter entre ces deux solu-
tions : ou prendre notre pain, ou prendre la farine
deux fois par mois et cuire nous-mêmes.)
Ration simple 3 kilos 500.
Ration avec un supplément 4 kilos 200.
Ration avec deux suppléments 4 kilos 900.

Samedi 15
Pain.

Lundi 17
Mélange pour poules : 1 kilo par poule 0 fr. 515.
Oignons pour qui en veut le kilo 1 fr. 60

Mardi 18

Pain.

Mercredi 19 et jeudi 20

Denrées pour la dernière période du 17 au 30.

Biscuits : 500 grammes.

Haricots : 500 grammes.

Flocons de riz : 200 grammes.

Vendredi 21

Pain.

Samedi 22

Autres denrées du 17 au 30.

Viande salée : 500 grammes.

Saindoux : 500 grammes.

Fromage : 100 grammes.

Lundi 24

Pain.

Jeudi 27

Pain.

Dimanche 30

Pain.

Et c'est tout !

Le 1er août 1916 est créée l'Œuvre de la Goutte de Lait dont le but était d'assurer des consultations périodiques aux enfants, des conseils aux mères et aux nourrices, procurer aux enfants une alimentation lactée jusqu'à l'âge de 3 ans.

Seules les familles nécessiteuses seront admises ! (Circulaire du Président de l'Œuvre).

Depuis le 6 octobre 1916, le Comité fit distribuer aux élèves une brioche journalière de 70 grammes et plus tard une écuelle de soupe.

Des soupes populaires organisées en 1917 eurent peu de succès.

Le 1er décembre 1917 fonctionna une nouvelle œuvre : les « Restaurants économiques ».

Le repas distribué comprenait un potage, un plat de viande, un plat de légumes et donnait droit à une ration supplémentaire de 77 grammes de pain. Le repas coûtait 70 centimes.

Les personnes fortunées payaient 70 centimes ;

Les non secourus, mais jouissant de ressources jugées insuffisantes, ne payaient que 30 centimes, et les secourus avaient le repas gratuitement.

Mais l'œuvre n'était qu'à son début quand le changement de régime la fit disparaître.

TROISIÈME PARTIE

EN "ZONE D'ÉTAPE"

15 janvier 1918-13 novembre 1918

LE RÉGIME

Verodnung

AVIS

« A partir du 15 janvier 1918, à 10 heures du matin, le territoire français Givet-Fumay et environs sera cédé à l'Inspection des Etapes de la 1re Armée.

« La limite qui séparera le territoire de la 1re armée du Gouvernement général sera l'ancienne frontière franco-belge depuis Fumay jusqu'aux Hautes-Rivières. »

Bruxelles, le 5 janvier 1918..

Le Gouverneur général,
Von FALKENHAUSEN.

ORDRE DU KREISCHEF

10 janvier 1918.

« Le 15 janvier 1918, à heures 10 du matin, le territoire de Givet-Fumay qui appartenait jusqu'à présent au Gouvernement de Namur, entrera sous l'ordre de l'Inspection de l'Etape.

« A partir du 10 janvier 1918, à 10 heures du matin, le long de la frontière de l'arrondissement de Philippeville et du territoire de l'Etape, la surveillance de la frontière sera sévèrement redoublée pour empêcher strictement toute communication militaire entre l'Etape et le gouvernement et *vice versa*, surtout l'émigration de la population et le transport des biens et des vivres. Des postes de passage sont prévus...

« Ils sont munis d'instructions spéciales pour examiner les passeports pour le franchissement de la frontière en cas de nécessité. Le franchissement de la frontière est interdit sous peine sévère.

« Tous les passeports délivrés de Givet à Fumay ou pour y aller, et tous les permis pour circuler à vélo sont déclarés nuls par ceci.

« La défense de circuler s'étend aussi sur les autos du Comité National belge. »

10 janvier 1918,

Le Kreischef,
Von Huber LIEBENAU.

ORDONNANCE

Le territoire Givet-Fumay... etc.

« Toutes les ordonnances et tous les arrêtés de police rendus pour le territoire français de la première armée et publiés dans une brochure entreront en vigueur à partir de ce jour. Les ordonnances rendues par les anciens commandants qui sont contraires ou différentes à celles de la brochure sont rapportées...

« La contribution imposée par ordre du 6 décembre 1917, sera payée au terme préfini à la caisse qui a été jusqu'à présent. »

E. H. O., den 10 januar 1918.

der Etappen-Inspekteur,
von HEYDEBRECK, Généralleutnant.

C'est par ces trois affiches que nous fûmes avisés du nouveau tournant de notre vie. Bien des cœurs se serrèrent à la lecture de ces placards en se rappelant les tristes récits de ceux qui, dans l'étape depuis le début de l'occupation, avaient pu franchir les portes de leur enfer.

Quelques essais de partir n'aboutirent pas. Et le 15 janvier arriva, malgré nos transes : le régime s'organisa.

En fait, ce fut une toute autre administration et cette fois purement militaire.

Le Kreischef, le Commissaire civil disparaissent. A leur place s'installe une Commandanture d'Etape, ayant comme chef le colonel Grosse (Oberst und Kommandant), directeur de tous les services, un peu raide, et bien allemand.

Les questions concernant la culture sont centralisées dans un bureau de culture sous la direction du lieutenant Mittag, surnommé à cause de sa coiffure, « la Casquette Blanche », fringant officier qui aime se promener, mais peu féroce, faisant contraste avec son collègue le lieutenant Barkowski.

Celui-là s'occupe du travail, et vraiment a tout l'air d'un garde-chiourme. Tout jeune encore, 25 ans environ, assez petit, il a le visage défiguré par une balafre, d'où son surnom « le Balafré ». Ayant reçu cette blessure au front, il avait juré, a-t-on dit, de la faire payer par les larmes des jeunes filles françaises. Ce fut en tout cas, l'homme le plus féroce parmi ceux qui furent nos maîtres.

L'intermédiaire entre Givet et nous, reste la Orts Kommandantur de Vireux dont les employés subalternes sont maintenus, heureusement pour nous, car bien souvent ils serviront de tampon amortisseur entre la mairie et le sergent-major.

Ce dernier fait fonctions de commandant, le titulaire de ce poste paraissant rarement. Ce sergent-major est une vraie brute, un soudard dans toute l'acception du mot, un « Ours » comme nous l'avions surnommé. Connaissant à peine le français, il se fait assister d'un interprète. Assis à son bureau, toujours coiffé, toujours botté, il écoute la traduction. Y a-t-il un accroc, son visage rougit, s'empourpre, il frappe du pied sur le parquet, du poing sur la table, nous envoie des « Schwein » rauques d'un ton méprisant. Ses subordonnés baissent la tête sur leur travail. Il n'est pas rare que se levant il s'approche, la mine féroce et j'ai senti plusieurs fois que ses poings se crispaient prêts à frapper. Mais il ne peut s'exprimer, sa colère s'exhale en jurons. Ses subordonnés atténuent le rogue de ses ordres.

Tels furent les hommes ! Qu'ont été leurs ordres ? Tout d'abord, la circulation fut interdite strictement en dehors des limites de la commune, et encore ces limites s'entendent : « à quelques mètres de la dernière maison de l'agglomération (ordre Commandanture, 16 mars) et sont marquées par des poteaux indicateurs :

« ORTS GRENZE »
« Limite de la commune »

Et des gendarmes exercent une surveillance attentive. Néanmoins nous pouvons aller à Vireux-Molhain. Les Allemands tendent d'ailleurs à considérer les deux communes comme une seule.

Aller dans les champs, même pour y cultiver, n'est permis qu'avec un passeport, facilement accessible dans la période culturale. L'accès des bois est strictement interdit. Enfin, en cas de besoin, des passeports peuvent être obtenus mais sévèrement réglementés :

« ... Les laissez-passer doivent être demandés par le maire de la commune. Dans la demande écrite, il faut indiquer nom, prénom, âge, etc., numéro de la carte d'identité, motifs et lieu de destination ; on n'aura un laissez-passer que pour un motif sérieux. Les laissez-passer de service doivent être régulièrement demandés dans une liste. On les donne :

« a) pour le maire pour aller à la Commandantur d'Etape ;

« (b pour aller au marché (!) (payable) ;

« c) pour les ouvriers travaillant pour l'armée ;

« d) pour le service religieux ;

« e) En cause de ravitaillement.

« a) b) c) peuvent être accordés pour un mois ; d) et

e) seulement pour des jours fixés. Les maires sont responsables de ce que les laissez-passer seront rendus à la Commandanture. De même faut-il faire attention que les signatures ne sont pas oubliées. »
29-1-1918.

Ordre Commandanture d'Etape.

A l'intérieur même de la commune, circuler n'est pas toujours facile :

« La liberté de la circulation des civils est accordée de 5 heures du matin à 8 heures du soir du 1ᵉʳ octobre au 28 février, de 5 heures du matin à 10 heures du soir du 1ᵉʳ mars au 30 septembre. Il sera permis de s'absenter de la maison pendant le temps défendu en cas de nécessité extrême, par exemple en cas de danger de mort, de maladie grave ou d'autres choses pareilles. »
Brochure p. 45, § 5.   Ordre d'armée du 17-12-1916,
v. HEYDEBRECK.
E. H. O. den 15-1-1917.

Une dame, vieille et souffrante, sera obligée de demander l'autorisation pour qu'une personne puisse passer la nuit sous son toit.

D'ailleurs, notre liberté est bien restreinte :

« § 9 *(même ordre)*. — Il est défendu aux habitants du pays :

« *a)* de monter à cheval ou d'aller en vélocipède ;

« *b)* d'aller en automobile ou d'en conduire ;

« *c)* d'aller en voiture militaire ;

« *d)* de quitter les maisons en dehors des heures accordées à la circulation des habitants ;

« *e)* de loger quelqu'un chez soi ;

« *f)* d'exercer le trafic postal à l'intérieur de la commune par l'entremise des messagers ;

« *g)* de changer d'habitation sans l'autorisation de la commandanture ;

« *h)* de séjourner la nuit dans une maison autre que la sienne... »

Et pour faciliter la surveillance :

« § 2 *id.* — A la porte de chaque maison doit être affichée la liste des habitants de la maison. Cette liste doit être écrite bien lisiblement et doit contenir le prénom et le nom de famille, le sexe, l'âge, la profession, ou le métier de tous les habitants de la maison.

« § 10 *id.* — Punitions : amende de 10 marks à 1.000 marks ou emprisonnement de un jour à trois mois. La privation de liberté peut être remplacée par le travail par contrainte de la même durée, dans l'intérêt de l'administration de l'armée. »

La carte d'identité subsiste, mais sa délivrance s'accompagne de formalités compliquées qui lui ajoutent plus de précision :

« ... Tout habitant à partir de 12 ans, doit être muni d'un certificat d'identité sous forme de carte rouge pour ceux qui sont capables de porter les armes (hommes de 16 ans révolus jusqu'à 48 ans), bleue pour le reste de la population.

« A cette carte il faut ajouter la photographie.

« L'habitant, en dehors de sa maison doit toujours pouvoir justifier de son identité en présentant cette carte. Ces cartes sont délivrées par le maire de chaque commune ou par l'un de ses adjoints qui est rendu responsable de la justesse des déclarations ; elles doivent porter le cachet de la mairie. Ces cartes cependant ne sont valables que pourvues de la signature et du cachet de la Commandantur d'étape.

« Les maires ont à tenir des listes sur lesquelles seront inscrites les cartes d'identité délivrées... le double doit en être remis à la commandanture... Les cartes d'identité des personnes décédées sont à remettre à la commandantur d'Etape... A la rigueur il y aura moyen de remplacer les cartes perdues : avec le consentement de la commandantur d'étape on pourra se faire délivrer une nouvelle carte en payant

1 mark de frais d'inscription ; cette carte doit porter en lettres bien lisibles : « *Carte renouvelée* »... Au moins une fois tous les trois mois, les maires, sur ordre de la commandantur ont à revoir toutes les cartes pour les vérifier et les signer. »

12 février 1918.

O/ commandantur d'étape.

Il faut en outre payer 10 pfennigs par carte et la commune est tenue de payer pour les personnes qui ne sont pas à même de le faire.

Le contrôle mensuel est maintenu, et étendu à tous les hommes de 16 à 48 ans ; en sont exemptés ceux qui travaillent pour l'autorité militaire.

Les journaux belges sont supprimés, seule peut nous être vendue l'infâme et hypocrite *Gazette des Ardennes*.

La monnaie belge est proscrite, sauf les pièces en zinc de 25, 10, 5 centimes. Nous devons utiliser les bons émis par les villes ou syndicats que les allemands d'ailleurs n'acceptent que sur la base de 75 marcks pour 100 francs, soit en nous infligeant une perte de 6 fr. 66 % et « Les personnes faisant partie de l'armée sont tenues de ne pas effectuer leurs payements à la population civile en monnaie allemande, mais en bons ».

Et comme il y a une prime, des bureaux de change s'installent pour ramasser les marcks.

Le régime des postes est maintenu sur l'affiche, mais supprimé en fait ; jamais il ne fut possible d'écrire, sauf aux prisonniers militaires, et encore cette correspondance fut suspendue du 10 avril au 26 juillet.

Et même avec cette restriction, « les cartes pour les prisonniers de guerre ne peuvent plus être écrites qu'une fois par mois et être remises à la mairie le 13 du mois. »

22 février. O/ command.

La commune perd son nom, les adresses doivent porter :

Orts kommandantur 701
Deutsches Feldpost 260

Enfin, tout est saisi mais non plus « au profit de la population » comme précédemment, mais « exclusivement dans l'intérêt de l'administration militaire. »

De plus, dans les punitions édictées pour inexécution des ordres, réapparaissent les mots « loi martiale », « peine de mort », « réclusion ».

Il n'est pas jusqu'au ravitaillement qui ne subisse le contre-coup de ce changement. Assuré par le Comité d'Alimentation du Nord de la France, il devient essentiellement municipal. Il n'y a plus de Comité de secours. Tous les vivres sont payants, pour les indigents ils sont accordés à crédit. Le rationnement établi par quinzaine est communiqué aux habitants par une affiche bi-mensuelle, blanche avec deux bandes rouges. En voici une copie :

COMITÉ D'ALIMENTATION DU NORD DE LA FRANCE

DISTRICT DE CHARLEVILLE — 53

Le Comité du District informe les habitants qu'il met à leur disposition pour la première quinzaine de mars 1918, les quantités de marchandises suivantes et aux prix fixés dans ce tableau :

DENRÉES	PRIX du kilo	RATIONS POUR LA QUINZAINE				
		Habitants ordinaires	Malades et vieillards	0 à 1 an	1 à 4 ans (au choix)	4 à 13 ans
		1	2	3	4	5	6
1. Farine allemande	0ʳ76	1ᵏ125	1ᵏ125	»	1ᵏ125	1ᵏ125	1ᵏ125
2. Farine américaine		2 625	2 625	»	2 625	2 625	2 625
Prix du pain imposé	0 65						
3. Riz	0 90	0 500	0 500	»	0 500	0 500	0 500
4. Crème de riz . .	1 15	0 125	0 125	»	0 125	0 125	0 125
5. Haricots verts salés	1 50	0 500	0 500	»	0 500	0 500	0 500
6. Saindoux	4 50	0 250	»	»	0 250	»	0 250
7. Lard	4 50	0 250	»	»	»	»	0 250
8. Viande conservée	3 »	0 500	»	»	0 500	»	0 500
9. Cacao	4 50	0 150	0 150	»	0 150	0 150	0 150
10. Sucre	1 30	0 225	0 225	0 225	0 225	0 225	0 225
11. Biscuits	1 70	0 250	0 550	»	0 250	0 250	0 250
12. Cristaux soude . .	0 25	0 300	0 300	0 300	0 300	0 300	0 300
13. Sel	0 10	0 100	0 100	»	0 100	0 100	0 100
14. Lait (la boîte). .	1 »	1 b.	3 b.	5 b.	1 b.	3 b.	1 b.
15. Phosphatine . .	1 75	»	»	0 300	0 300	0 300	0 300	0 300
16. Farine blanche .	1 10	»	»	»	0 300	»	0 300	»

Distribution supplémentaire réglée par roulement

1. Vinaigre	0ᶠ50	0ʳ 50	0ʳ 50	»	0ʳ 50	0ʳ 50	0ʳ 50

Magasins de Chémery et Le Chesne :

2. Harengs salés . . .	2 25	0 250	0 250	»	0 250	0 250	0 250

Magasins des Syndicats Rethel et Poix-Terron et Magasins de Raucourt et Chémery.

Distribution supplémentaire

réservée aux évacués et émigrés arrivés dans la commune depuis le 1ᵉʳ juin 1917

1. Haricots verts salés	1 50	0 250	0 250	»	0 250	0 250	0 250
2. Viande conservée	3 »	0 250	»	»	»	»	0 250
3. Lait (la boîte) . . .	1 »	»	1 b.	»	»	»	»

Le Gérant du District,   *Le Président,*

Cette affiche doit toujours être apposée avant la distribution.

LAIT, BEURRE ET ŒUFS

La première ordonnance affichée, le 15 janvier 1918, disait :

1

« Tous les aliments et tous les fourrages (en particulier bétail, lait, beurre, graisse et œufs, fromage, foin, paille et toutes les céréales) sont saisis dans l'intérêt de l'administration militaire allemande sur le territoire des étapes de la Commandantur de Givet. On ne pourra disposer de ces stocks (en particulier l'abattage du bétail) qu'avec autorisation.

2

« Les propriétaires de vaches battront tout le lait non écrémé et fourniront le beurre à la Commandanture des Étapes à Givet.

3

« Tous les œufs de poule seront livrés par les propriétaires des poules à la Commandanture... De chaque poule devront au moins être livrés deux œufs au mois de février, quatre œufs au mois de mars... Pour chaque œuf en moins que la quantité indiquée à livrer, la Commandanture de Givet pourrait infliger une amende de 1 marck.

5

« Celui qui par intention ou par négligence contreviendra aux dispositions, sera puni d'une peine d'emprisonnement jusqu'à un an et d'une amende jusqu'à 3.000 marcks ou d'une de ces peines. La tentative est punissable. »

V. HEYDEBRECK.

Sauf six litres fournis par jour au Lazaret des officiers, tout le lait doit être transformé en beurre.

Au mois de février, il faut livrer 4 kilos de beurre par vache, y compris les vaches sèches.

Mais : « les fournitures en beurre et en œufs de la commune ne correspondent pas au nombre établi de vaches et de poules. La moindre quantité à fournir au mois de février doit se monter par semaine à 46 kilos de beurre et 327 œufs.

16 février.

GROSSE, C' d'Etape.

Déjà une plainte et une menace : 10 marcks par kilo de beurre manquant et 1 marck par œuf. Et cependant, œufs et beurre ont disparu de nos menus tandis que des demandes faites pour donner du lait aux malades sont brutalement rejetées.

Pour mars c'est 4 kilos 1/2 de beurre et deux œufs qu'il faut fournir. Et pour augmenter la fourniture du beurre :

« Ordre très important. Les veaux doivent être élevés par exception, là où il y a du bon matériel. Tous les autres pour épargner le lait non écrémé sont à conduire à Givet à la boucherie des Etapes lorsqu'ils ont 15 jours. »

30 mars.

O/ Command.

Avril voit s'élever les exigences : toujours 4 kilos 1/2 de beurre que l'autorité transforma en 4 litres 1/2 de lait par jour par vache même sèche, mais 7 œufs par poule. Et encore :

« La livraison des œufs doit se faire d'une façon régulière partagée entre les semaines. Il n'est pas admissible que quelques œufs soient seulement livrés pendant les premières semaines et tous les autres dans les dernières. Chaque semaine l'Etappen kommandantur doit livrer des œufs aux Lazarets, elle se trouve obligée de les livrer absolument. »

10 avril.

O/ Comm. Vireux.

Malgré tous ces avis, les livraisons sont toujours incomplètes. En avril il manque 99 kilos de beurre.

Par ordre du 7 mai, le Commandant d'Etape nous inflige une amende de 500 marcks soit 625 francs, et nous prévient que à l'avenir l'amende sera portée à 40 marcks par kilo manquant.

Mais la quantité à fournir ne diminue pas, de 5 litres 1/2 par jour en mai elle passe à 6 litres 1/2 en juin. Malgré un nouvel avertissement le 4 juillet, la livraison n'atteint pas le chiffre fixé.

Au lieu de fournir 468 litres le 4 juillet, il n'est livré que 354 litres. Une amende de 150 fr. 95 compense l'insuffisance, soit 1 fr. 33 par litre de lait ou

$$1 \text{ fr. } 33 \times 30 = 40 \text{ francs par kilo de beurre.}$$

Il est vrai que si les cultivateurs se font tirer l'oreille, les propriétaires de poules ne sont guère pressés de réparer, par leurs œufs, les forces « des officiers du roi de Prusse ». Une amende de 370 fr. 40 souligne cette mauvaise volonté.

La voie est ouverte et quoique le colonel ait encore écrit le 5 juillet :

« La livraison du lait doit s'améliorer ; elle ne doit baisser sous aucun prétexte ; il faut conduire à la boucherie de Givet les mauvaises vaches laitières, »

La fourniture reste déficitaire, surtout qu'il faut fournir en juillet 6 litres 1/2 de lait par jour et 8 œufs pour le mois. Une nouvelle amende de 249 fr. 40 nous est infligée le 10 juillet. Il faut croire néanmoins que ces 1.395 fr. 75 ont fait effet, car par la suite, rien ne vient plus grossir ce fait-divers. Il est vrai que des réquisitions de vaches diminuent les fournitures à effectuer, surtout lorsque le 7 août les vaches qui donnent moins de 5 litres de lait par jour durent être conduites à la boucherie.

Et le 21 octobre la question cesse, l'autorité enlève le bétail.

LE BÉTAIL

Que ces exigences n'étonnent pas. Si le beurre est livré, c'est que l'autorité militaire veut bien nous laisser le bétail, car en vertu de ses ordres il ne nous appartient pas, il est saisi pour l'administration militaire allemande. Tout commerce, tout déplacement de bétail est formellement interdit. Seule la Commandanture peut en disposer.

L'abattage et la consommation de viande par la population sont défendus. Si par hasard, il était nécessaire d'abattre une bête, il faudrait en informer la Commandanture qui seule peut donner l'autorisation. Mais alors, viande, graisse, déchets, peau, sabots, os, cornes, tout doit être mis sans délai à la disposition des autorités.

Pour les soins qu'ils donneront à leurs bêtes, devenues grâce à l'Étape « chose allemande », les ex-propriétaires recevront des « récompenses pour bon entretien du bétail ».

Ces récompenses sont de :

Pour chaque poulain jusqu'à 3 ans, 3 fr. 75 par mois.

Pour chaque âne jusqu'à 3 ans, 0 fr. 65 par mois.

Pour chaque bête à cornes jusqu'à 2 ans 1/2, 2 fr. 50 par mois.

Pour chaque vache pleine jusqu'à 2 ans 1/2, 3 fr. 15 par mois.

En outre comme récompense d'élevage :

Pour chaque veau *a)* de 14 jours, 20 francs.

Pour chaque veau *b)* de 6 mois, 80 francs.

Pour chaque poulain hors de la livraison à l'autorité allemande, 200 francs.

Pour chaque agneau de 4 mois, 5 francs ou 2 % des agneaux livrés comme propriété absolue et non soumise à la saisie.

Pour l'élevage des cochons de lait et pour l'engraissement des porcs, la récompense s'élève à 2 francs pour chaque des premiers 20 kilos, et pour chaque porc reçu de l'administration militaire 0 fr. 25 pour chaque kilo d'accroissement.

Dans le cas où l'administration militaire prendrait possession de bêtes de boucheries, il serait payé par 100 kilos de poids vivant :

140 francs pour les bêtes à cornes,

160 francs pour les veaux,

250 francs pour les porcs, et 300 francs pour les cochons de lait,

150 francs pour les moutons,

70 francs pour les chevaux.

Mais ces prix sont des maxima payés seulement pour des marchandises d'excellente qualité.

> Instructions extraites de l'ordre de l'armée
> du 30 janvier 1918.

Le recensement du bétail a été effectué le 1er janvier. Et l'exactitude du dénombrement a été contrôlée par des perquisitions. Puis il faut tous les dix jours annoncer à la Commandanture les rectifications à faire, rectifications fort simples d'ailleurs, puisqu'elles ne peuvent s'opérer que par décès ou réquisitions. J'ai passé quelquefois des heures bien difficiles à cacher les fraudes qui transformèrent des animaux nouvellement nés en adultes, ces derniers ayant disparu dans un saloir.

Les soins journaliers sont l'objet d'une stricte réglementation :

« 1) Il est défendu de se servir de la paille comme litière, ou pour autre but que la nourriture du bétail. »

> O./C. 13 février 1918.

Si les propriétaires ont besoin de litière (et ils en ont tous besoin), ils iront la chercher au bois, où un soldat les conduira le dimanche matin à 9 heures C^{les}.

La Commandanture proposa bien de remplacer la paille ou la litière par des copeaux ou de la sciure, mais elle n'en fournit jamais. Remarquons néanmoins sa sollicitude :

« Les moyens mis à la disposition pour remplacer la litière, comme la sciure, les copeaux, la tourbe, ne suffisent plus désormais pour couvrir les besoins.

« Pour rendre la chose plus aisée il est fortement recommandé de se servir d'autres moyens naturels plus qu'on ne l'a fait jusqu'à présent. Ces moyens sont en première ligne la litière de bois et la bruyère. La récolte se fait par un temps sec. Ce sont les rateaux qui conviennent le mieux pour rassembler la litière. Il ne faut pas seulement prendre les couches de feuilles ou de mousse, mais aussi les couches crues de tourbe entassées par dessus. Quant à la bruyère, on la coupe avec des serpes, et ont doit également prendre les couches d'humus dans lesquelles elle pousse. »

15 avril.

O/ Comm. Vireux.

Comme pour la litière, réglementation pour la nourriture :

« Il est défendu de conduire les bêtes sur les prés ou les pâtures qui sont propres à l'exploitation du foin...

« Les Commandantures assigneront 3 ou 4 pâtures clôturées aux propriétaires des bêtes ou toutes les bêtes de la commune iront de manière qu'une pâture sera utilisée pendant une semaine et restera en repos pendant 2 ou 3 semaines. On comptera 1 hectare pour 30 bêtes. »

16 avril.

O/ Command.

Le travail est d'ailleurs surveillé et plusieurs fois durant la saison nous reçumes cet ordre :

« Aujourd'hui, des officiers viennent faire une inspection. Tout le bétail doit être en pâture. Il ne doit pas y avoir de paille dans les écuries. Tous les habitants doivent se trouver dans les champs. Aucune machine ne doit être à l'abandon. »

ou bien :

« Tout les chevaux doivent être présentés... Ils doivent être bien nettoyés et bien ferrés... Les propriétaires, le maire (!), le maréchal-ferrant (!!) sont rendus responsables de ce qu'ils soient amenés en bon état. »

Mais peu à peu, notre troupeau diminue. Il comprenait au 1er février 171 bêtes à cornes, 45 moutons et agneaux, 88 chèvres, 62 porcins et 29 chevaux. Le 20 février il est entamé : 15 bêtes à cornes partent, le 16 mars 7 autres encore, 1 porc le 26 mars et la réquisition ne fait que s'amplifier jusqu'au 21 octobre, jour de la livraison suprême :

« Tout le bétail,... en plus les moutons et les porcs doivent être rassemblés demain matin à 6 heures devant la Commandantur. Pour 10 bœufs ou vaches, il faut un cultivateur entre 17 et 50 ans, qui sache traire.

« Il faut atteler un âne qui doit prendre le ravitaillement et les vêtements des deux communes.

« Les vaches sont à traire avant de partir. »

20 octobre.

Orts kommand.

Et presque tout notre bétail s'en alla, mais en grande partie l'exode fut arrêté en Belgique par l'armistice.

« Les habitants restent propriétaires de la volaille, des lapins, des ruches », disait l'ordre du 30 janvier 1918.

Nous avons vu les exigences concernant les œufs. Mais néanmoins il fallut livrer de la volaille.

Le 29 mars, une réquisition immédiate exigea 2 oies et 3 canards.

De chaque ruche il fallut fournir un kilo et demi de miel par an.

Enfin des moutons il fallut livrer la laine :

« Tous les moutons doivent être tondus de suite. La laine est saisie pour l'administration de l'armée... Elle doit être livrée pour le 26 mai à Givet. Une brebis déjà grande donne de 4 à 5 kilos de laine. Quiconque en retient s'expose à de sévères punitions.

12 mai.

Orts kommand.

LOGEMENTS DE TROUPES

Ce ne furent pas les seules exigences du nouveau régime. Mais abandonnons un instant ces rapines. Une des conséquences de notre incorporation en zône d'Etape, la cause probable même de cette incorporation, fut l'obligation de loger de nombreux soldats.

Dès le début de février nous en fûmes saturés : 4.000 hommes et 6 batteries furent répartis entre les deux communes. Les maisons vides furent transformées en casernes, mais les logements occupés n'en furent pas exempts. Les écoles durent être fermées. Ils ne respectèrent même pas la Mairie que le maire dut installer chez lui après l'avoir évacuée.

Ces troupes étaient destinées à l'offensive sur la Somme. Aussi elles se livrèrent à toutes sortes d'entraînements, creusant même des tranchées dans nos champs. Nous rîmes plus d'une fois en voyant la démonstration et l'étude du pas de parade.

La Commandanture fit afficher qu'elle ne pouvait en rien répondre des vols que ces soldats pourraient commettre et ordonna de clore tous les dépôts. Le maire dut intervenir pour faire respecter les logements et surtout les logeurs. Et c'est avec un réel soulagement que nous vîmes partir ces troupes le 1er mars.

Leur enthousiasme était plutôt maigre : elles abandonnèrent dans leurs logements, dans les champs, des cartouches, des fusils, des objets d'équipement. Et un horrible accident fut la rançon de cette invasion.

Notons en passant que :

« La mairie est obligée, un jour au plus tard après partir des troupes, avoir soin que tous les objets laissés : armes, munitions, vêtements, équiquements sont livrés par les habitants ; deux jours après partir des troupes la Commandantur contrôlera les logements et forcera les habitants à montrer jusqu'à ce qu'elle ait trouvé les objet militaires recherchés. »

14 mars 1918.

Command.

D'autres choses avaient été laissées. Le 21 mars une note ordonna de « rapporter les bouteilles à vin blanc laissées par les soldats ».

En prévision d'un retour prochain de ces troupes, ordre fut donné de conserver intact les logements qui avaient été occupés. L'école des filles dut être évacuée et il fallut y construire des lits à étage.

Les maisons des quelques habitants rapatriés furent réservées à cet effet. Tous ces apprêts ne servirent qu'à dater du 13 octobre quand vint la débâcle.

DOMINATION

La zone d'Etape fut la période durant laquelle la domination allemande se fit sentir plus violente encore. Avant de la connaître dans ses manifestations les plus graves, arrêtons-nous un instant à ces quelques ordres :

« Par ordre de la Commandantur, les articles suivants doivent être exécutés le plus vite possible :

« 1° A la lisière du village, on doit choisir une bande de terrain comme pour le blanchissage et cela à quatre places différentes sur une surface de 20 mètres carrés. Ces endroits pour le linge doivent être changés tous les deux jours pour être mis autre part. Il est recommandé que le linge doit être gardé pendant le jour sous la surveillance des habitants. Tous les deux jours, le maire doit nommer huit habitants pour livrer le linge comme il a été dit plus haut et pour le garder.

« 2° Il faut placer dans un endroit sur les voitures chargées du linge. Elles ne doivent pas être absolument nécessaires aux habitants. Il faut les ranger à la façon d'un parc. L'exécution de cet ordre doit être annoncée à la commandantur jusqu'à demain 22 mars dans la matinée. Ces mesures sont à accomplir jusqu'à nouvel ordre de la Commandantur. »

21 mars.   Ordre Commandantur.

Exécuté, cet ordre fut rapporté le 25 mars.

« Les coqs chanteront-ils à l'heure allemande ? » demandait un bon vieux au début de l'introduction de l'heure centrale. Peut-être les Allemands n'y ont pas pensé. Pourtant ils voulurent réglementer la voix des chiens :

Les chiens qui pendant le jour ou la nuit troubleront le repos par leurs aboiements seront pris et tués.
4 avril.   Command.

Les aboiements des chiens manquent peut-être d'harmonie ! car ces messieurs aiment la musique :

Il faut déclarer à la Commandantur s'il y a des musiciens parmi les hommes qui viendront ce soir à l'appel. Piano et violon. S'ils ont un violon, ils doivent l'apporter.
7 août.   Command.

Renseignements pris, ils voulaient des musiciens pour jouer au Kino (cinéma) de Givet.

Goûtons cette punition :

Les enfants doivent saluer les officiers en se décoiffant sinon les écoles seront fermées.

                                                            Command.

La punition intervint d'ailleurs :

Les enfants R..., T..., H..., M..., furent frappés à coups de bâton par la Commandantur pour avoir cherché à jeter des pierres dans une barque où se trouvaient des officiers. D'autres enfants ont craché dans le canot du haut du pont. Vu cette mauvaise conduite de la jeunesse de Vireux, les écoles se trouvent fermées jusqu'au 6 juin, et si de pareils cas se représentent elles le seront pour toujours.

29 mai.

Command.

RAPINES

« Faire produire le maximum aux populations envahies », telle fut la maxime de l'autorité allemande. Dans cette idée, elle tendit à la poursuite de 3 buts : s'emparer de tout ce qui peut lui servir, utiliser tout ce qui est susceptible de l'être même comme ersatz, et par la réquisition ne laisser personne inoccupé.

S'emparer de tout, c'est d'abord tout saisir dans l'intérêt de l'armée. Et dès le début de février fut publié une ordonnance de von Bellow datée du 11 octobre 1917 :

« Ordonnance afin que les habitants puissent mieux se mettre au fait des objets saisis sur le territoire de la 1re Armée ; ci-dessous l'énumération de tous ces objets.

A. Métaux, machines et véhicules :

Tous les métaux à économiser comme cuivre, nickel, plomb, étain, zinc ainsi que tous les objets de ménage ou employés ailleurs fabriqués de ces métaux ou d'alliages de ceux-ci comme laiton (cuivre jaune), bronze, similor, argentan.

Fer, fonte brute, fer de profil, fer en barres, acier, fers blancs, toles, fontes de machines, débris de fonte en fer, limaille de fer.

Outils de toute espèce, enclumes, forges de campagne, limes, vis et écrous de toute espèce, fer à cheval, chaînes, tuyaux, fil de fer, câbles en fils métalliques.

Moteurs, comme locomobiles, machines à vapeur, moteurs à benzine et à gaz.

Machines et objets agricoles de toute espèce.

Machines électriques de toute espèce, aussi fil conducteur et câbles de toute espèce.

Machines servant au travail du métal et du bois, machines textiles de toute espèce.

Véhicules, comme automobiles, motocycles, vélocipèdes, voitures de toute espèce avec tout ce qui en fait partie et avec les pièces de rechange.

B. Matières premières et produits industriels :

Cuir de toute forme, courroies sans fin en cuir et en batala, courroies de toute espèce, harnais, malles en cuir, semelles.

Caoutchoux, vieux, dur et mou, enveloppes d'automobiles, tuyaux caoutchoucs pleins, bouchons en caoutchoux, résines colophanes, amiante.

Papier, papier de paquetage, cartons, déchets, sacs, ficelle de papier et cornets.

Carton de bois, bitumé pour toiture et goudronné.

Colle de toute espèce.

Liège, déchets, semelles, bouchons et écorce de liège.

Peaux de bêtes à cornes, ânes, chèvres, moutons, lapins, et de toute espèce de gibier.

Laine brute, matelas de laine, draps, étoffe, bonneterie, ouate, feutres, crin de cheval.

Coton, étoffes, fils.

Soie, fils, étoffes, cordons, soie brute.

Jute, tissus, toile d'emballage, sacs et chiffons de sacs de jute.

Lin, toile, linge, fils.

Chiffons de toute espèce.

Chanvre-lin, cordons, cordage, cordes, câbles.

Poils, brosses, pinceaux, crin de cheval.

Verre, verre à vitres, bouteilles de toutes formes.

Celluloïde, cellulose.

Savon, en briques et mou, poudre de savon.

Huiles, huiles des os, à moteurs, de graissage, à cylindre, de lin.

Graisse de toute espèce, suif, cire, paraffine.

Laques, vernis de fer, de copal, de résine, gomme-laque et tablettes.

Matériel de bouchage, mastic.

Tout ce qui sert à l'emballage.

Instruments précieux, récipients des laboratoires.

C. Produits chimiques :

Ether, acides borique, sulfurique et nitrique, soude, soufre, salpêtre, phosphore, potasse à la chaux, sulfate de cuivre, benzine, benzol, alcool, sel ammoniac, vernis, etc...

D. Produits du sol :

Tous les arbres, abattus ou non sur le territoire de l'armée.

Fruits, noix, semences.

Gros bétail, bêtes à cornes, chevaux, moutons, chèvres, porcs, ânes.

Vins en bouteilles ou en fûts et toutes les autres boissons spiritueuses.

Si la saisie de quelques objets mentionnés ci-dessus n'a pas encore été publiée, elle entrera en vigueur par la présente.

Sera puni d'une peine de prison jusqu'à 5 ans et d'une amende jusqu'à 10.000 marcks ou d'une de ces peines :

1° Quiconque ne livrera pas les objets consignés au premier appel ;

2° Quiconque les détruira ou détériorera avec intention ;

3° Quiconque les soustraira à l'administration de l'armée d'une autre manière.

Sont compétents les conseils de guerre et les commandants militaires allemands.

A. H. Qu. den 11 oktober 1917.

der Oberbefehlshaber.

V. BELOW, Général d'Infanterie.

La liste est bien longue, les rapines seront nombreuses. Nous avons vu comment l'autorité avait disposé du bétail. Les explosions journalières qui marquèrent le nouveau régime présidèrent à l'enlèvement du matériel des Forges de Vireux-Molhain, cependant que peu à peu nos foyers se vidaient. Les rapts débutèrent en mars. Le Gouvernement général avait saisi les cuivres, le nouveau régime se chargea de les enlever.

Après avoir ajouté à la liste des objets déjà saisis les pompes en plomb, laiton ou cuivre, y compris les pompes cassées et inutilisées (ordre du 15 mars), l'autorité en ordonna la livraison pour le 18 mars et s'en chargea elle-même. Des soldats munis de sacs visitèrent les maisons et enlevèrent les chandeliers, les boutons des portes, cassant les robinets des cuisinières sans s'arrêter aux imprécations des ménagères, accueillies par des « das ist Krieg, matam » (C'est la guerre, madame.)

Les casques de pompiers furent enlevés. Pourtant : « Prière de bien vouloir donner des instructions pour que les casques des pompiers ne soient pas réquisitionnés », écrivait le maire le 19 mars.

Tous les métaux entrent dans la saisie, lui fut-il répondu.

Nos cloches nous furent enlevées et leurs derniers sons furent les plaintes que le 23 mars elles jetèrent sous le marteau qui les brisait.

Les matelas avaient aussi été déclarés en 1917. Le 25 mars 1918, la saisie devint effective :

Les contenus des matelas, qu'ils se composent soit de laine, soit de crin ou de ces deux matières réunies, sont saisis.

La mairie est obligée de commander un employé qui prendra note des noms des personnes qui ont livré et de la quantité livrée pour chacune. Il sera livré à chacune un bon global pour les quantités enlevées. Pour remplacer les matières livrées on peut demander des copeaux à la Orts kommandantur. Dans les lits des militaires, on laisse un matelas.

25 mars.

Etappen Kommandandur.

Les matelas doivent être livrés. Il avait été permis de laisser par ordre du 30 mars, non plus un matelas aux militaires, mais simplement aux officiers à partir du grade de capitaine et « provisoirement » ainsi qu'aux malades et aux vieilles gens. Seules, les personnes vraiment malades pourront en conserver un ».

Des demandes de ce genre furent soigneusement contrôlées par un médecin militaire. Et les autres matelas partirent les 8 et 12 avril, après qu'une petite réserve eût été faite de cette laine qui sera filée, car on vit réapparaître soigneusement cachés les rouets de nos grand'mères.

Les derniers jours d'avril furent employés à des perquisitions inutiles. Et non contente de ce vol, la Commandantur intima l'ordre « de remettre les lits en ordre dans l'espace de 24 heures » avec naturellement des copeaux gracieusement mis à notre disposition.

A peine ce rapt était-il consommé qu'un autre se préparait. Après avoir sommé « de déclarer les courroies qui se trouvent dans les exploitations ne travaillant pas encore sous le contrôle de l'autorité allemande » (Ordre 1er avril), il fallut le 15 avril « apporter de suite toutes les courroies, le chanvre ou les câbles en fil métalliques qui se trouvent dans les exploitations du pays ».

Il n'y a qu'une exploitation de ce genre dans le pays ; force lui fut de livrer.

Deux jours auparavant nous étions avisés que « tous les sacs qui sont propres à l'expédition du charbon de bois sont saisis. Il est question de tout le matériel des sacs qui sont inutilisables pour d'autres buts. Le 16 avril, il faut déclarer à la Commandantur combien il y a de sacs de cette sorte. Dans le cas où la commune n'en déclarerait pas un nombre assez de ces sacs, la Commandantur en saisirait de bons (ordre du 13 avril). »

Cependant cette fois, rien n'est livré. « Les sacs se trouvant dans la commune sont utilisés par la culture », répond le maire.

Ne nous étonnons de rien :

« Combien la commune peut-elle fournir de draps de lit et de linge de table *sans porter dommage aux logements des troupes qui pourraient prendre quartier?*

17 avril.   Ordre Command.

Sans même attendre la réponse, il faut livrer

    15 tabliers comme en ont les bouchers,
    2 larges nappes,
    5 serviettes,
    5 essuie-mains.

                                  18 avril.

Oubliant sans doute que la 1re Commandantur avait ordonné de couler toutes les barques, il « faut déclarer jusqu'à demain, s'il y a une barque complète avec les deux rames qui pourrait être mise à la disposition du Genesungsheim (Ordre du 22 avril). »

La veille, il avait fallu « annoncer combien il y a de tonneaux faits de bois durs ».

Les presses à fruits continuent la série. Ce sont dix de ces presses qu'il faut fournir le 26 avril.

Le 10 mai, achevant l'œuvre commencée en

décembre 1917 par la Commission des récoltes, il faut livrer les 1.341 kilos de blé et les 4.419 kilos de seigle restant de la récolte.

Le 17 août, c'est le tour des traîneaux, en prévision de la campagne d'hiver. Mais il n'en existe pas.

Enfin, le 5 septembre, trois centrifuges à main de 30 à 50 litres et trois petites de 20 à 30 litres vont rejoindre les objets déjà enlevés.

Faut-il noter les autres réquisitions journalières qui grossissent l'amas de ces vols? En voici quelques-unes :

« 1ᵉʳ février : 10 baquets de 50 à 100 litres et 10 seaux pour le dépôt de munitions.

« 5 février : 234 kilos de paille, 234 kilos de foin pour la Flach-batterie.

« 7 février : 114 kilos foin et 114 kilos de paille pour pionniers.

« 15 février : 12 bêches et 4 brouettes au casino.

« 20 février : 1 plat à soupe, 2 à légumes, 3 assiettes creuses, 1 cuvette émaillée, 2 seaux, 4 essuie-mains, 1 puisard (?) 1 chandelier. »

C'est en même temps une lampe électrique à installer, une porte à réparer, un carreau à remettre, des voitures à fournir, etc..., la liste serait trop longue.

EXPLOITATION INTENSIVE

Peu gênée par la main-d'œuvre à laquelle la réquisition pourvoit, l'autorité poursuit sa tâche d'utiliser tout ce qui peut l'être. Après la main-mise sur le bétail, sur les objets mobiliers, voici maintenant l'exploitation des produits du sol :

« Tous les saules et les osiers doivent être coupés et ramassés. L'exécution immédiate doit être observée puisque la coupe ne peut se faire qu'en février. »

Cet ordre donné le 13 février ne fut jamais exécuté.

Vint le printemps. Nos bois commencent à reverdir ; les jeunes pousses tentent l'autorité : voilà de quoi nourrir les bestiaux. Aussi doit-on se livrer à la récolte du « Foin de feuillage » :

Dix personnes doivent être nommées qui doivent travailler à la récolte du foin de feuillage.

Ordre 24 avril.

Il s'agit dans les jeunes taillis de couper les tiges feuillées sur une longueur de 15 à 20 centimètres, puis de réunir les rameaux en bouquets. Mais le 20 mai, le nombre des « récoltants » semble insuffisant, nous recevons l'ordre de fermer les classes l'après-midi et de conduire les élèves au foin. Et cela dure jusqu'au 15 juin. Chaque soir, nous devons faire parvenir une note indiquant le nombre de bouquets récoltés.

Mais, hélas ! à peine réinstallés, il nous faut recommencer le manège : cette fois ce sont les orties :

Un arrêté de l'autorité militaire allemande veut que cette année aussi les habitants s'occupent à la récolte des orties.

Voici donc ce que j'ordonne :

La commune aura à livrer au minimum 1.710 kilos d'orties bien séchées.

On emploiera à ce sujet, de concert avec la Commandantur de place, des personnes non entièrement prises par leurs occupations, des vieux ou des enfants, ces derniers sous la surveillance des instituteurs. Les orties séchées et prêtes à expédier seront à conserver jusqu'à la livraison dans un endroit approprié...

Ne pas jeter les feuilles tombées qui serviront de fourrage l'hiver.

GROSSE, oberst und Kommandant.

1.710 kilos d'orties sèches à fournir. Alors l'après-midi, nous allons dans les haies, sur les talus, couper l'ortie qui pique bras et jambes de nos gamins.

Le jour où il pleut on travaille tout de même. « Il faut que la quantité d'orties soit absolument fournie », tel est le coup de fouet qui ranime nos efforts. Et jusqu'au 13 août, il faut aller. Le maire certifiant à la Commandantur qu'il n'y a plus d'orties, celle-ci fait enlever la moisson : 450 kilos. C'est maigre, cela nous vaut de gros mots, mais... pas plus !

D'ailleurs, dans les haies, les mûres sont noires ; les haies d'aubépine s'empourprent dans le feuillage. Aussi :

A partir d'aujourd'hui après midi, tous les écoliers seront mis à la disposition des instituteurs et institutrices pour aller cueillir les fruits d'aubépine et les mûres.

Sept instituteurs et institutrices de Wallerand ont reçu des passeports. Les enfants doivent cueillir sous leur direction. Instituteurs et institutrices sont rendus responsables pour les enfants.

   6 septembre.   Commandantur.

Mais les élèves sont en vacances. Ils ne pensent guère à obéir, et déjà la Commandantur a d'autres soucis. La question s'éteint en deux jours.

En dehors de ces exigences, autant pour occuper les enfants que par nécessité d'ailleurs, d'autres denrées deviennent la proie de l'envahisseur :

« Par arrêté du commandant d'armée, toute la récolte des fruits de cette année est saisie pour l'administration militaire allemande... Ceux qui ne fourniront pas les fruits seront punis de 200 marcks d'amende ou 6 semaines de prison. Auront à payer jusqu'à 1.000 marcks ou à faire jusqu'à 3 mois de prison ceux qui feront le commerce des fruits ou les aideront.

« Comme les fruits seront exclusivement réservés à la fabrication de la marmelade, ils devront être cueillis et fournis à l'état de maturité. »

                         GROSSE, Colonel d'Etape.

Mais l'année fut mauvaise. Des gelées tardives ont anéanti la récolte. Aussi, à part quelques livraisons insignifiantes, la saisie n'eut pas d'effet.

Non satisfaite des fruits, la Commandanture ordonne de récolter les sorbes le long des routes. Ici, aucun moyen de frauder : les baies sont trop visibles. Les 1.360 kilos fournis le 12 août ne suffisent pas; la cueillette doit continuer et amène une nouvelle livraison de 1.775 kilos le 20 août.

Inlassable, l'autorité ordonne le 10 octobre « de récolter tout de suite les quantités de roseaux et de joncs se trouvant dans le pays. Il faut commencer dès demain la récolte. »

Mais d'autres soucis autrement graves empêcheront la Commandanture de surveiller l'exécution de cet ordre qui ne sera pas écouté.

Il est évident que le bois ne pouvait échapper à cette saisie. Nous avons vu, déjà sous le gouvernement général, l'autorité s'attaquer aux bois de l'Etat, et indirectement faire porter la hache dans nos coupes communales. Le nouveau régime se chargea de compléter.

Pour l'évacuation des Bois du Roi, l'autorité militaire fit entreprendre la construction d'une voie de chemin de fer qui devait aboutir en face de la gare, réalisant ainsi sans hésiter le projet si longtemps agité d'une ligne Hargnies-Vireux. Il va sans dire qu'elle pratiqua l'expropriation forcée sans se soucier des terres traversées, des jardins détruits, quoiqu'elle se montrât d'une exigence toute particulière pour tout ce qui concernait la culture. Mais à l'armistice, il restait une centaine de mètres de rails à poser et les Allemands nous abandonnèrent les matériaux et les inutiles dégâts.

D'autre part, le § 5 de l'ordonnance du 13 février 1918 disait :

« La Commandanture fera couper et transporter du

bois de chauffage pour les troupes. La distribution en sera faite par la Commandanture elle-même. »

Comme suite à une réquisition du 22 septembre 1917, la Mairie s'était vue dans l'obligation de faire exploiter une coupe communale afin d'avoir du bois pour répondre aux incessantes exigences des troupes en logement. La Commandanture continua l'exploitation elle-même, commandant et surveillant les ouvriers.

Afin de renouveler les provisions des habitants, le maire demanda l'autorisation d'exploiter la coupe affouagère comme c'est l'habitude, chaque année. L'autorisation fut accordée, mais avec une restriction : « Les arbres seulement jusqu'à 25 centimètres de diamètre doivent être coupés. »

22 février 1918.

Command.

Restriction inutile puisque les bois à couper ne sont que des taillis de 20 ans.

Mais l'accès du bois est formellement interdit. Les gendarmes exercent une surveillance stricte. Le maire demande des permis le 11 mars, réitère sa demande le 20 ; la réponse coupe court à toute discussion :

« ... En ce qui concerne les habitants, pour leurs propres besoins en bois, ils peuvent, accompagnés d'un soldat, en abattre deux fois par semaine, dans un endroit choisi par la Commandanture, principalement dans la futaie. Ces deux jours sont le dimanche et le mercredi de huit heures et demie à midi. »

25 mars.

Command.

Songeons que le Comité du District nous avait informé qu'il ne serait pas possible d'obtenir du charbon, pour le moment du moins, et nous étions en mars. Quelle provision pouvait-on faire en sept heures par semaine, y compris les voyages qui peuvent compter pour deux heures ? Comment surtout pouvoir se chauffer lorsque la réquisition aura enlevé de chaque foyer même les moins aptes au pénible métier qu'est celui de couper et ramener le bois.

Enfin, il est décidé, après des pourparlers bien difficiles, que seules un nombre restreint de personnes couperont du bois pour tous les samedi et dimanche matin. Le garde forestier répartira le bois abattu suivant les demandes. Mais il reste interdit de couper les chênes pouvant être écorcés.

Quand vint l'écorçage, la commandanture désigna pour ce travail qui fatigue vite un homme fait quatre gamines de 14 à 15 ans (ordre du 8 juin), et dix-neuf gamins de 14 à 16 ans (ordre du 10).

Dans nos forêts, il n'y a guère que du chêne, donc guère que du bois à écorcer. Le bois qu'il était permis d'enlever fut donc vite épuisé. On patienta, espérant avoir le chêne écorcé. Grave erreur : « On ne peut pas prendre le bois provenant de l'écorcage. »

13 juillet.

Commandanture.

Le maire en réfère à la Commandanture d'Etape :

« J'ai l'honneur, écrit-il le 17 juillet, de vous informer qu'un ordre interdit aux habitants d'emporter de la coupe affouagère le bois provenant de l'écorçage.

« Malheureusement, dans les parts affouagères, il n'y a que du bois de chêne qui sera écorcé.

« Le District de Charleville nous annonce une crise de chauffage et les habitants ne recevront guère que 100 kilos de charbon pour tout l'hiver.

« Il est donc nécessaire que les ménages fassent provision de bois. C'est dans ce but que je vous demande de bien vouloir autoriser les ménages à emporter tout le bois des parts après écorçage. »

Sans réponse, il renouvelle sa demande à la Commandanture locale, le 1er août : Peine perdue :

11

« Il est interdit de transporter le bois de la coupe ».
2 août.

Command.

« Trois cents ménages, écrit à nouveau le maire le 11 août, n'ont pas de chauffage. J'ai l'honneur de vous demander l'autorisation de faire abattre, *pour les habitants*, du bois de chauffage... »

L'armistice apportera la réponse.

LA CULTURE

Devant cette utilisation de tout, il est inutile de dire que la culture n'échappa nullement à la règle :

« § 8.) Tout le fumier doit être conduit sur les terrains et chaque jour favorable doit être employé pour labourer ou ensemencer. On doit profiter de chaque mètre carré, *rien ne doit rester inculte.* »

Ordonnance du 13 février 18.

Seulement nous sommes prévenus : de nos cultures deux ares par ménage seront notre propriété personnelle, le reste est saisi. Il fut même un instant question de limiter rigoureusement cette surface et de la marquer par des placards portant la mention C. R. B. Cette opération ne se fit pas chez nous, mais on peut encore voir dans les pays placés en étape au début de l'invasion des portes de jardin portant l'inscription de sauvegarde.

Pour le reste de la culture d'ailleurs, le travail doit se faire en commun. Les familles de cultivateurs seront exemptées de tout autre travail, les mères de famille seront astreintes à être une demi-journée par jour à la disposition des cultivateurs, voilà pour la main-d'œuvre. Des amendes jusqu'à 2.000 marcks ou de la prison, voilà de quoi obtenir l'exécution des règlements.

Le travail est d'ailleurs amplement surveillé. Le fauchage doit être terminé pour le 10 juillet. Quant aux moissons « toutes les céréales sont saisies même celles du plus petit propriétaire. »

1er août.

Ordre Comm.

La note du 25 août précise le travail :

« 1.) Les travaux de la moisson doivent être faits le plus vite possible... 6. à. 8 chevaux de la colonne (allemande) peuvent encore aider.

« 2.) Les campagnes peuvent être préparées pour l'ensemencement d'automne.

« 3.) Les cultivateurs peuvent conserver la semence nécessaire pour les semailles... »

Command.

Mais le battage est interdit (ordre 31 août.) Pratiques à l'excès, les Allemands amèneront une machine à battre ! Aussi, avec quelle hâte les récoltants procèdent-ils à la toilette des gerbes, et les frappant sur une bûche enlèvent à chacune quelques poignées de grains.

La machine arrive le 8 septembre : la main-d'œuvre est réquisitionnée comme toujours, l'autorité emploiera des jeunes filles. Les cultivateurs doivent conduire leurs récoltes, mais s'en reviennent les mains vides : paille et grains s'en vont.

Songeant à l'année suivante, ne faut-il pas « fournir le plan de culture pour l'automne 1918 et le printemps 1919 ».

Ordre du 5 septembre.

Comm.

Il est vrai que les espérances allemandes sont déçues. « Il ne faut plus donner de semences, écrit le 24 octobre la Commandanture-».

La culture habituelle ne suffit pas à l'autorité. Il lui faut plus. « L'autorité militaire allemande se propose de faire cultiver par les communes des légumes dont elle jouirait par voie d'achat. »

24 mars.

Ordre Comm. d'Etape.

Et son idée prend rapidement corps : elle fait défricher les pentes rocailleuses du mont Vireux par des jeunes filles et des femmes, puis elle fait ensemencer après avoir élaboré des Conventions agricoles imposées aux deux communes.

Il devait lui être fourni :

11.000 kilos de carottes,
24.000 kilos de choux cabus,
72.800 kilos de choux milan,
25.000 kilos de choux rouges,
117.000 kilos de rutabagas,
28.000 kilos de navets,
12.480 kilos de betteraves rouges.

En réalité, elle n'en tira rien, malgré les ordres et contre-ordres imposés aux travailleuses forcées.

L'ARGENT

Produits du sol, objets mobiliers, travailleurs, ne font pas oublier l'argent.

La première proclamation avait exigé le payement de la Contribution de guerre due au Gouvernement général et 24.290 francs avaient été versés le 1er février.

Le 5 février furent exigés 4.884 francs d'impôts.

Mais appartenant à l'étape nous devons en sentir les effets :

« ... Les communes de la pointe de Givet (liste de ces communes) ayant appartenu au Gouvernement général belge, cédées au territoire de la 1re armée, sont imposées comme participation au paiement des frais occasionnés par les besoins de l'armée (non compris le ravitaillement) et l'administration des territoires occupés pour *le temps passé*, d'une contribution forcée du montant de 3.500.000 marks. Le payement a lieu en trois termes :

« 1er 500.000 marks jusqu'au 1er juillet.

« 2° 1.000.000 marks jusqu'au 1er août.

« 3° 2.000.000 marks jusqu'au 1er octobre.

G. H. Q. (G. Q. G.)   V. S. der Etappen Intendantur.

1er mai 1918.   Le chef de l'Etat Major Général.

VIERECK, oberstleutnant.

La part contributive de la commune est de 265.515 marcks, soit 331.893 fr. 75 ou en bons de ville 354.011 fr. 15 à cause de la perte de 6,66 %.

Tout en faisant appel à l'emprunt chez les particuliers, le Conseil municipal décide de se rattacher au Syndicat d'émission de Charleville, qui prêtera de l'argent.

Et en 1918, argent comptant, furent ainsi versés 24.290 fr. $\times$ 4.884 fr. $\times$ 354.011 fr. 15 = 383.185 fr. 15 soit 330 francs par habitant.

L'ESCLAVAGE AU XXᵉ SIÈCLE

Mais ces misères ne sont rien auprès de la suprême épreuve que la haute « Kultur » germanique réserva à nos malheureuses populations sans autre défense que leurs larmes qui n'émeuvent pas les Teutons au cœur de pierre.

Une sinistre ordonnance du 10 janvier 1918 disait :

« 1. — Pour éviter un cas de calamité publique, tous les habitants capables de travailler (du genre masculin âgés de 12 à 65 ans révolus, du genre féminin âgées de 12 ans à 60 ans révolus.

« 2. — Le médecin militaire compétent jugera de l'aptitude au travail. Les résultats des visites médicales chez d'autres médecins ne seront pas valables.

« 3. — Les autorités chargées de la distribution du travail régleront le lieu et le genre du travail selon les aptitudes physiques et professionnelles. Les ouvriers seront occupés dans leur ville au fur et à mesure du possible.

« 4. — La journée sera de 10 heures, le temps nécessaire pour aller au chantier et retour compris. »

Suit la nomenclature des punitions à infliger en cas de refus, punitions pouvant aller « à la peine de mort, si les intérêts militaires sont gravement lésés », et comprenant fatalement l'incorporation dans un bataillon d'ouvriers civils.

Von BELLOW, Général d'infanterie.

Une annexe ajoutait que :

« Tout le territoire de la première armée est en état de calamité publique. »

Aussitôt l'entrée en étape (15 janvier à 10 heures) à 11 heures arrivait à Vireux-Molhain, un sergent : « le sergent du travail » chargé de la haute direction du bagne. Son premier soin fut d'ordonner l'établissement en triple exemplaire d'une liste complète de tous les habitants. Il fallait indiquer :

1. Numéros courants.
2. Nom (par ordre alphabétique).
3. Prénoms.
4. Date de naissance.
5. Age.
6. Nationalité.
7. Y était-il déjà en temps de paix ?
8. Emigré d'où ?
9. Membre d'un bataillon d'ouvriers civils.
10. Profession en temps de paix.
11. Quelle autre occupation ? Propriétaire de combien de chevaux, de bêtes à cornes ?

Une autre colonne était prévue pour le médecin militaire chargé d'indiquer la capacité de travail.

Tricher, il n'y fallait pas compter : le nombre des habitants est donné à la Commandantur d'Etape chaque mois pour le ravitaillement ; la date de naissance, l'âge sont inscrits sur la liste des cartes d'identité au Passburo à Givet ; quant à la profession en temps de paix, le sergent s'entend à merveille pour nous renseigner. L'établissement des listes est surveillé. Tel un professeur d'écriture, le sergent nous corrige nos lettres, défectueuses selon lui, moule les chiffres, les majuscules.

Puis le 24, ordre est donné d'établir la liste des personnes indispensables à la commune. Nous en réclamons une centaine à peine, à divers titres, ravitaillement, main-d'œuvre : on nous en laisse trente.

Aussitôt vont commencer quelques essais de réquisition.

Tout d'abord les pêcheurs : « La pêche sur la Meuse est défendue et ne peut être pratiquée que par des pêcheurs désignés par la Commandanture des Etapes... Les poissons doivent être livrés tous les jeudis à la Commandantur. Il est strictement défendu aux pêcheurs de vendre ou de donner des poissons aux habitants. »

5-2-1918.   Command.

Puis :

« Les brasseries sont autorisées à travailler de la bière avec les matières qui leur restent, mais la bière faite est saisie pour l'autorité militaire. »

13-2-1918.

Les cultivateurs et leur personnel sont réservés pour leurs cultures.

Enfin le 11 février un contrôle est annoncé :

« Demain matin mardi, le 12 à huit heures, tous les hommes de 12 jusqu'à 65 ans et toutes les femmes de 12 à 60 doivent être prêts pour la révision. »

Télégramme de la Comm. d'Etape.

Et ce jour-là, toute la population défila sur la place devant le colonel d'Etape qui contrôlait les listes nominatives. Un médecin militaire examinait les habitants un à un et d'un simple coup d'œil jugeait de leur aptitude au travail, laissant tomber dans le lourd silence ces simples lettres :

a. f. ou *b. a. f.* ou *u. a. f.*

soit : apte au travail, travail léger et inapte...

Inutile de souligner que les *a. f.* étaient les plus fréquents. Notons que la commune comptait 393 hommes, 513 femmes et 390 enfants.

Aussitôt l'examen, les réquisitions commencèrent.

Le 15 février il faut 8 ouvriers pour décharger un bateau. Le même jour, 10 femmes sont commandées pour travailler sur la route et doivent, sous la bise glacée, ramasser les boues, curer les fossés.

Le 20 février, ce sont 5 hommes « forts et vigoureux » et pas au-dessous de 17 ans qui sont appelés pour travailler à l'usine, suivis le 26 février par 20 femmes qui auront la pénible corvée de décharger les wagons au magasin d'étape.

Le 2 mars, première réquisition pour le travail au dehors : deux hommes sont envoyés à Givet et le 4, trois employés du ravitaillement portés sur la liste des indispensables sont arrachés à leurs occupations et contraints au travail à l'usine d'Aubrives. Un bûcheron est réquisitionné pour Auvillers à 60 kilomètres, tandis que seize femmes et trois hommes doivent aller charger des wagonnets à la carrière de Vireux-Molhain.

Trois hommes vont les y retrouver le 12. Ce 12 mars encore, vingt femmes sont appelées pour le magasin d'Etape. Et à flots continus : 13 mars, trois hommes pour décharger des copeaux ; 14 mars, dix femmes pour « nettoyer et entretenir » les logements de troupe. ».

L'après-midi de ce 14 mars vit verser bien des larmes. Vers une heure, arrive à la mairie un ordre enjoignant à dix jeunes filles de se trouver à 5 heures devant la Commandantur avec leurs bagages pour *s'en aller travailler vers un autre endroit.*

C'étaient les premières jeunes filles qui partaient. Après discussion leur nombre fut ramené à sept. Mais il fallut les voir partir pour une destination inconnue, vers quel mystère, vers quelles souffrances ?

Les parents désolés essayèrent de faire appel aux bons sentiments du Commandant d'Etape :

« Vous comprenez nos angoisses, monsieur le Commandant, nous avons l'honneur de vous demander ce que sont devenues nos enfants, à quel travail elles sont employées, comment elles sont soignées ? Loin de nous la pensée de conseiller à nos enfants de refuser le travail, mais en vertu de l'ordonnance du 10 janvier 1918, nous vous supplions de donner à nos filles du travail selon leurs aptitudes professionnelles et de les occuper dans nos deux communes », écrivaient-ils le 20 mars.

La lettre n'eut jamais de réponse. D'ailleurs l'ordonnance du 10 janvier dont se réclamaient les parents n'était qu'un mensonge. Ces jeunes filles étaient près du front à Rethel. Leur travail consistait à réparer le canal de l'Aisne, malgré la proximité du front et la visite des aéros français, dans la promiscuité des troupes de combat. Elles rentrèrent le 29 avril sans avoir jamais pu donner de leurs nouvelles.

Leur départ n'avait pas arrêté les réquisitions. Le 15 mars, trois hommes devaient aller décharger des copeaux et le 16, trois autres sont adjoints aux femmes requises pour l'entretien des logements de troupes.

Quatre hommes partent le 27 pour Nouzon.

Et nous connaissons alors quelques jours calmes.

Le 24 avril sont réquisitionnées les dix jeunes filles qui commencèrent la récolte du foin de feuillage.

Jusqu'alors, à part les femmes occupées continuellement, et la trentaine d'hommes envoyés au dehors, principalement comme serre-freins, les autres requis sont plutôt des ouvriers d'occasion, appelés pour une tâche instable. Mais, avec le 15 mai arrive l'époque des travaux agricoles dans le sud du département et cette fois, les personnes commandées le seront pour plus longtemps et enrégimentées dans des bataillons d'ouvriers civils.

Le 14 mai, « A... quatorze hommes doivent se trouver à la Commandantur avec tous les bagages et un bon pour ravitaillement. « Il faut, ajoute l'ordre, partir pour quelques semaines pour un autre lieu. »

Le 23 mai, alors que cinq hommes sont commandés pour aller écorcer les chênes, à 9 heures du matin arrive une liste de 56 femmes et jeunes filles qui « doivent se trouver aujourd'hui à 5 heures devant la Commandantur *avec leurs bagages.* »

Une seconde liste de seize noms, une troisième de vingt et un et une quatrième de dix-huit suivent immédiatement.

Pour midi 111 noms ont été donnés dont 13 deux ou trois fois.

La stupeur se peint sur tous les visages. Une intervention du maire est inefficace. Les malheureuses doivent se présenter à la visite. Quelques appelées réussissent à se faire exempter, comme occupées dans la culture, ou déjà occupées par d'autres réquisitions.

Les autres partent au nombre de 64, dont 6 des 7 jeunes filles revenues de Rethel. On les conduit à Givet, où elles sont ajoutées à un train d'autres réquisitionnées des villages voisins et qui les emmène le lendemain matin sans qu'elles sachent le lieu de leur exil ! Une suprême démarche du maire auprès du Commandant d'Etape ne permet d'obtenir aucun renseignement.

Un mois d'attente anxieuse se passe, aucune nouvelle ne parvient. Le maire demande alors :

« Dans quelles localités elles se trouvent ?

« De quelle manière elles (les mères) peuvent écrire à leurs enfants ?

« Ces jeunes filles étant parties pour une période de plus de trois semaines, ont besoin de vêtements de rechange. Leurs mères demandent qu'elles puissent revenir en permission pour changer de linge et de vêtements. »

23 juin.   *Le Maire au Commandant.*

La demande reste sans réponse.

La mère de l'une de ces jeunes filles, devant subir une opération, écrit au Commandant d'Etape, demandant qu'on lui rende sa fille. La réponse est brutale dans son laconisme :

N'est pas accordé.

           Mobilen Et. K., 6 juillet.

Une nouvelle tentative d'obtenir les adresses est faite sans résultat le 12 juillet.

Le 13 août, les malheureuses ne sont pas encore rentrées :

« A propos des jeunes filles réquisitionnées et parties le 23 mars — écrit le maire au commandant — il avait été dit que quelques-unes reviendraient chercher des vivres et des vêtements pour leurs compagnes. Le temps se passe, les mères réclament sans cesse à la mairie parce que leurs filles n'ont emporté du linge que pour trois semaines.

« Voudriez-vous avoir l'obligeance de faire obtenir un congé à ces jeunes filles pour qu'elles puissent se reposer ? Il y aura, le 23 août, trois mois qu'elles sont parties. Si elles ne peuvent obtenir un congé de repos, prière d'en détacher quelques-unes qui viendront chercher des vêtements, du linge et des vivres pour toutes. »

Quelques rares jeunes filles, quatre, je crois, purent revenir réformées et leurs récits calmèrent à demi l'angoisse des mères pour qui les jours s'écoulaient bien lents.

Comme le maire de Givet peut aller à l'Inspection d'Etape, le maire le prie de tenter une démarche :

« ... Ces jeunes filles devaient revenir trois semaines

après leur départ... elles n'ont jamais eu de permission.

« Si elles ne peuvent revenir définitivement, demander que deux de chaque groupe viennent chaque semaine chercher des vivres et du linge pour toutes. Les ouvrières qui reviennent réformées disent que leurs compagnes ont faim. Beaucoup n'ont pas de chaussures et ne peuvent travailler. Ajouter la crainte et le danger des aéroplanes... »

Lettre du 21 août.

Enfin une cinquantaine de ces jeunes filles rentrent vers le 1er octobre. Elles étaient non loin de Rethel, occupées aux travaux agricoles. Les autres ne furent libérées qus vers le 20, après cinq mois de misère.

Leur départ le 28 mai n'avait pas mis fin au martyr des habitants.

Le 25 mai, cinq hommes doivent partir avec leurs bagages suivis le 27 par quatre autres et le 30 de quatre autres encore.

Et après qu'un nouveau contrôle le 1er juin eût recensé les « non travailleurs », cependant que les mères de familles recevaient l'ordre de travailler une demi-journée par jour à la culture, dix-huit hommes doivent partir à nouveau. Ils seront garçons d'écurie dans un lazaret de chevaux malades !

Le 1er juin, il y a 153 personnes occupées au dehors par réquisition. Et chaque jour, anxieusement, à la mairie nous attendons les nouvelles listes : Elles continuent à pleuvoir.

Le 6 juin, dix jeunes gens vont retrouver ceux qui sont partis le 1er. L'un d'eux devait revenir mourir d'épuisement à l'hôpital de Charleville.

Le 8 juin, quatre jeunes filles de 14 à 16 ans sont appelées. Les *femmes* (?) nommées ci-dessus sont commandées pour peler (1) pendant quelques semaines », ajoute l'ordre.

---

(1) peler : écorcer les chênes.

Elles sont suivies le 9 par dix-neuf élèves dont le plus vieux a 15 ans. Et l'autorité croit sans doute que ces vingt-trois enfants vont écorcer une coupe affouagère de un hectare.

Le 13 juin bien des larmes coulent encore quand vingt enfants de 12 et 13 ans partent. Eux aussi doivent aller peler, mais ils ne s'éloignèrent qu'à 3 ou 4 kilomètres, et peuvent revenir voir leurs familles.

A cette date, il reste dans la commune et ne travaillant pas pour l'autorité allemande 87 hommes dont les vieillards, 272 femmes et 7 enfants de 12 à 15 ans sur respectivement 392, 511, 110.

La réquisition s'arrête un moment.

Elle reprend le 21 août. Deux fillettes de 15 ans, qui ont terminé l'écorçage doivent aller scier du bois ! à Hauts-Buttés, elles en reviennent d'ailleurs le 29, inutiles. Le même jour une vingtaine de jeunes gens partis le 1er juin peuvent revenir passer dans leurs familles quelques jours de permission, faveur qui fut refusée aux jeunes filles.

Le 13 septembre, la machine à battre entre en fonction. Ce sont quatorze jeunes filles qui doivent faire le travail.

Le 1er octobre vingt-neuf hommes partent à nouveau. Enfin le 8, une nouvelle liste paraît : cinquante-deux jeunes fillettes doivent se trouver à la Commandantur. Parmi elles, certaines ont 13 ans, d'autres partiraient pour la troisième fois. D'un commun accord elles ne se présentent pas. Elles sont rappelées pour le lendemain à 9 heures.

Des réclamations pleuvent sur la Commandantur débordée d'ailleurs par la débâcle d'évacués qui arrivent au même moment. Aussi la liste se réduit, de 52, elle tombe à 13, que le gendarme va chercher. Cinq se font exempter, huit seulement sont obligées de partir.

Mais ce départ est le dernier. Les événements vont

se précipiter. Ceux et celles qui sont au dehors reviennent peu à peu et se terrent dans le bois et restent sourds aux appels impératifs de la Commandantur impuissante à les rechercher. Les huit jeunes filles parties les dernières, tardent seules, plongeant leurs familles dans l'anxiété rendue plus affreuse par les bruits fantaisistes qui circulent. Dirigées sur Rocquigny, elles n'ont pu s'échapper qu'après le 20 octobre.

LA DÉBÂCLE

La réquisition du 8 octobre avait donc été presque avortée. Fait nouveau dans notre vie, nous avions pu discuter les ordres de la commandanture. Ce fait est le résultat de deux facteurs très importants : impuissance de l'autorité et surtout audace téméraire de la population en qui soudain s'est affirmé l'espoir de la victoire et de la libération toute proches.

C'est avec stupeur que nous avions vu en mars 1918 la percée allemande sur la Somme, et les événements dramatiques de notre vie s'ajoutant aux nouvelles déprimantes semées par la *Gazette des Ardennes* avaient vite transformé cette stupeur en désespoir, en doutes terribles que ne parvint à dissiper que faiblement l'échec connu le 20 juillet de la dernière offensive allemande. Peu à peu, la confiance revint avec les progrès de nos troupes.

Puis subitement, un soir, c'était le 8 octobre, un mot est prononcé « la Paix ». Ce sont les propositions de Max de Bade qui valent cet émoi. Le mot est insuffisant : ce que nous voulons c'est la Victoire ! Or, la voilà qui apparaît et nos yeux vont connaître la débâcle allemande. Les journaux ne nous parviennent plus, mais jour par jour nous pouvons juger du progrès de nos armes. Le 13 octobre, 200 évacués de Saulces-Monclin nous apportent les visions de la bataille qu'ils ont devinée, cependant qu'à Vireux-

Molhain passe un parc de pionniers refluant vers le Nord.

Le 17 octobre un ordre de la Commandanture (ses ordres deviennent rares) présage de la déroute :

Comme beaucoup de troupes vont encore arriver à Vireux, il est nécessaire que les habitants se resserrent de plus en plus dans leurs habitations. Il faut faire place de suite pour les troupes ; les habitants doivent rester tous ensemble.

Le 18 octobre, ce sont cette fois des évacués de la région d'Attigny qui, passant à Vireux-Molhain, sont envoyés vers le Nord. Des charrettes traînées par des bœufs emportent leurs maigres butins.

Les pauvres bêtes, dans cette randonnée de 100 kilomètres, ont perdu leurs forces. Leurs pattes ensanglantées posent à peine sur le sol, où elle laissent des traces rouges. Sur l'amas hétérogène des pauvres hardes, des vieillards égarés, des malades grelottants sont juchés, secoués par tous les cahots de la voie douloureuse.

Les autres suivent, lourdement, fatigués. Les hommes plient sous la charge du linge qu'ils ont voulu emporter. Depuis huit jours ils marchent. Après leur départ ils ont vu le pillage, l'incendie ! La nuit ils s'arrêtent, dorment où ils peuvent, au bord des routes, sur les talus, dans une église. Côte à côte reculent des soldats qui toujours les poussent vers le Nord.

Chez nous naît l'affolement : peut-être devrons-nous évacuer à notre tour !

Le 19 octobre, la déroute continue. Tandis que la Commandantur nous signifie que, *comme on va avoir besoin de beaucoup d'attelages, il faut veiller à ce que les bœufs et les chevaux soient bien ferrés,* le Magasin d'Etape à Vireux-Molhain, la librairie allemande déménagent en hâte.

Des soldats : pontonniers, équipages, infanterie

passent, s'arrêtent un peu puis repartent, cependant que le mouvement d'évacuation continue, entraînant la population d'Amagne.

Vers 15 heures 450 prisonniers français arrivent et la surveillance est à tel point relâchée que j'en puis ramener un qui mange chez moi.

Dans la nuit du 19 au 20, des bombardements par aéros viennent éveiller notre sommeil peu profond.

Le 21 octobre, le bétail part. Le maire reçoit une note bien significative :

La Caisse des prêts populaires a décidé de payer à chacun des ayant droits... une avance de quatre mensualités. Dès à présent, je tiens les fonds à votre disposition. Veuillez venir les chercher d'urgence.

Le Directeur.

Les évacuations continuent : La Capelle, Fourmies sont évacués, indiquant qu'à la poussée venant du Sud s'ajoute une pression qui vient de l'Ouest. Le soir à 8 heures arrivent 450 prisonniers qui ont fait 30 kilomètres durant leur journée. Notre soirée se passe à leur distribuer des vivres que la générosité des habitants nous procure en grande quantité.

Le 22, le Magasin de Ravitaillement déménage avec plus de précipitation encore. Nous sommes inondés de soldats. Le Dépôt de la Division de Réserve n° 53 s'installe pour un jour. La Commandantur ne donne signe de vie que pour faire évacuer l'église, car le soir 1.600 prisonniers arrivent encore et y sont casernés.

Les malheureux mordent avec délices dans des betteraves crues. Nous ne savons où donner la tête, il y a trop de misère à soulager. Le soir 700 partent. Mais le 24 l'arrivée de 1.000 nouveaux emplit tous les bâtiments libres.

Pendant ces deux jours les Allemands ont miné le pont à présent gardé militairement. De nombreux aéros allemands sillonnent le ciel.

Nous sommes anxieux. Aucun journal même allemand ne nous parvient. Où sont nos troupes ? En prévision d'événements imprévus, le maire ordonne la distribution de tout ce qui reste dans les magasins de ravitaillement, en conservant seulement de la farine pour une quinzaine, et prépare le payement jusqu'à fin décembre des sommes que la commune a charge de payer.

Le 25 octobre la Commandantur marque une étape nouvelle de la débâcle :

Pour 6 heures la commune doit déclarer combien il y a de puits dans le pays.

Demain la machine à battre sera transportée...

Tous les greniers et autres locaux doivent être évacués pour les logements de troupes. Les habitants doivent prendre le moins de place possible.

Les habitants doivent déclarer chaque jour à la mairie les logements devenus libres... Le maire est tenu d'en fournir la liste à 5 heures du soir.

Dans le cas où cet ordre ne serait pas exécuté, de fortes amendes seront imposées. Il faut aussi compter sur l'évacuation des maisons en question.

Continuellement passent des soldats. Mais la discipline semble faire défaut : Aucun ordre, c'est la fuite plutôt que la retraite.

Notre journée du 26 se passe dans la fièvre : Des troupes défilent plus nombreuses. Un parc de pionniers se loge au pays. De plus en plus la crainte de l'évacuation nous tenaille.

L'ÉVACUATION

Ce n'est pas d'ailleurs sans motif. Le 27 octobre au matin, alors que nous mettions au point une liquidation de nos magasins de ravitaillement (un plaisant disait : « On liquide et on s'en va ! ») le maire est appelé à la Commandantur. Le colonel annonce que la commune de Vireux-Wallerand doit être évacuée du 28 au 30 octobre.

Aussitôt connue la nouvelle provoque un affolement général.

Nous devons être dirigés sur la rive gauche de la Meuse et recevons l'autorisation de loger dans les trois communes voisines : Vireux-Molhain, Aubrives et Hierges. C'est plutôt un déménagement qu'une évacuation :

« Il n'est pas permis que les maisons soient complètement évacuées, les habitations doivent être toujours bonnes pour les logements de troupes. Il faut y laisser des tables, chaises, ainsi que d'autres choses indispensables. Il est défendu d'enlever les poêles... »

28 octobre.

Commandant.

Les 28, 29, 30 et 31 sont occupés par le déménagement, bien pénible. Les habitants tâchent d'emporter le plus possible, et les brouettes font de nombreux voyages. Une aide précieuse nous est fournie par les prisonniers français. Nous réussissons à en avoir en implorant le poste de police qui en détache par groupes de quatre sous la garde d'un soldat qui souvent, moyennant une tartine, aide, lui aussi. Nous utilisons même quelques voitures de pionniers que nous prête le parc logé au pays et déménageons nos meubles les plus précieux sur des voitures allemandes, conduites par des soldats allemands et escortées par des soldats français. Durant trois jours et demi sans interruption que les heures défendues, brouettes, balladeuses, voitures à bras, fourgons se succèdent. Le 31 à midi, il faut cesser. La Commandantüre interdit le passage du pont. Nous avons réussi à enlever la moitié de nos meubles, c'est trop au gré des Allemands :

« On a remarqué que les habitants, malgré de

nombreux ordres réitérés, prenaient tous les objets d'ameublement.

« ... Il faut en laisser. Dans le cas contraire, les habitants seraient obligés de transporter à nouveau les meubles nécessaires aux cantonnements, et des amendes imposées... »

29 octobre.

Command.

Il ne reste au pays que quelques familles que rien n'a pu décider à partir, une véritable invasion de troupes et nos malheureux prisonniers que le départ des habitants replonge dans la plus noire détresse.

Le maire aura le triste privilège de retourner presque chaque jour dans son village pour conduire au cimetière la dépouille d'un brave. Six devaient mourir jusqu'au 11 novembre.

Campés à Vireux-Molhain, où grâce à la générosité des habitants, la majorité de la population a pu trouver abri, nous y conservons notre administration, nous y installons notre mairie, notre ravitaillement. Mais les événements vont se précipiter.

Le 1er novembre, les Allemands continuent à miner le pont. Ils entreprennent la destruction des barrages, heureusement inachevée.

Le 2 novembre, je puis enfin avoir un bout de journal où je trouve la nouvelle de l'armistice avec la Turquie. La Commandanture réquisitionne des voitures pour l'évacuation de Ham, petit village de la rive droite, à 4 kilomètres de Vireux.

La Orstkommandanture, ouverte en permanence, se mue en Commandanture d'Etape qui étend son autorité sur les communes belges voisines.

Elle a en vain convoqué les hommes entre 15 et 65 ans. Aussi la gendarmerie arrête tous ceux qu'elle rencontre. Avertis, les hommes se cachent dans les bois.

Le 3 novembre la Commandanture nous glace

d'effroi par l'annonce d'une nouvelle évacuation ; nous serons cette fois dirigés vers les lignes françaises, mais devrons abandonner tout. Les hommes de 17 à 48 ans pourront y être dirigés si le Gouvernement français s'engage à ne pas les incorporer pendant la guerre. La nouvelle connue dans la commune cause la stupeur la plus complète.

La Meuse est couverte de bateaux que les prisonniers chargent de pelles, de pioches. Sur la route passent de nombreux fourgons refluant vers le Nord.

Les travaux de mine au pont du Viroin, aux routes, se continuent activement. La gendarmerie réussit à arrêter 12 hommes qui doivent aller charger des meubles à Wallerand :

« Vu que la plus grande partie des meubles ont été enlevés, la commune doit veiller à ce qu'un grand nombre de meubles soit réquisitionné chez les habitants. Il faut 30 tables grandes et petites, 60 chaises, 20 lits complets. »

3 novembre.

Command.

Mais le 4, les efforts de la gendarmerie sont inutiles. Il faudrait 35 hommes et tous les attelages pour évacuer le grain... Elle n'en trouve que quelques-uns.

Aussi le lendemain :

« Tous les hommes de 18 à 35 ans de Wallerand doivent se trouver devant la Commandanture à 1 heure allemande. Les propriétaires doivent amener : chariots, chevaux, bœufs attelés.

« Apporter seaux pour abreuver, lanternes et nourriture des chevaux et des hommes pour plusieurs jours. »

5 novembre.

Commandanture.

Les attelages sont amenés ! les hommes ne viennent pas.

L'Ours ne décolère pas et les *schweins* redoublent. Sur la route l'encombrement est immense. Infanterie et fourgons refluent pêle-mêle.

La Commandanture d'Étape part après un règne de trois jours. Le désordre continue, l'artillerie recule à son tour.

Mais le spectacle est pire encore le 7 novembre.

Le matin passent en chemin de fer des soldats allemands qui continuent le mouvement de repli. Étendus sur des canapés et des fauteuils, juchés sur les plates-formes des wagons, ils nous crient : Franzus, Kamerad, Krieg fertig. [1] »

Un drapeau rouge flotte sur la locomotive, cependant que sur les wagons on lit : Umwalzung ! Nach Munich ! [2] »

Les soldats ont pillé les fourgons, ils lancent aux civils, veilleuses, tabac, cigares, paquets de miel. Les chefs sont impuissants, s'ils ne sont pas insultés.

Sur la ligne qui va en Belgique, un train est en panne : le pillage en est vite commencé par les soldats et la population.

A la Commandantur, le spectacle est le même. Le désordre y est à son comble.

Pourtant elle nous communique encore un ordre vers 5 heures :

« 1. Le territoire aux deux côtés de la Meuse va être la scène de batailles aux prochains jours.

« 2. Suivant le propre désir des habitants, ceux-ci seront laissés dans les villages où ils se trouvent pour le moment.

« 3. Le Commandement allemand a annoncé au Commandement français qu'il s'engage à ne pas tirer

---

(1) Français, camarades, guerre finie.
(2) Révolution, vers Munich.

sur les endroits jusqu'à une certaine heure, en présumant que jusqu'à cette heure, les soldats armés de l'Entente n'y entrent pas et que la population s'abstienne de toute action hostile envers l'armée allemande.

« 4. Le ravitaillement nécessaire pour la population est déposé par l'officier chargé du ravitaillement; le service sanitaire sera rempli par les médecins français.

« 5. A la première occasion, les maires des villages accompagnés de quelques habitants devront aller au devant des troupes approchantes de l'Entente en agitant des linges blancs pour annoncer la présence des habitants. »

Le Commandant en chef
de l'armée allemande.

Le lendemain l'ordre est rapporté et à nouveau le fantôme de l'évacuation se dresse devant nos yeux pourtant joyeux de voir la débâcle toujours de plus en plus pressée. Les convois obstruent toutes les places. L'infanterie en rangs pressés monte vers Wallerand. Le passage n'arrêtent pas un instant. Le temps s'est mis à la pluie. Les rues deviennent des bourbiers et la soirée du 8 se passe bien triste à faire les derniers préparatifs du départ présumé.

Le 9 de bon matin la Commandanture nous prévient :

« Vireux sera bientôt évacué. Tous les civils doivent s'y attendre probablement demain. »

Afin de ne pas augmenter l'angoisse les maires décident de ne pas publier l'ordre. Mais tout le monde le devine. Des communes belges ont reçu l'ordre d'être parties pour le 12.

Des bruits persistants d'armistice circulent, que l'absence totale de journeaux ne peut confirmer. Une Commandanture d'Etape vient s'installer à Vireux-Molhain :

« Les maires accompagnés de leurs secrétaires doivent venir chaque jeudi et chaque dimanche à 10 heures du matin à une conférence. La première séance aura lieu demain matin 10, la deuxième vendredi 17 novembre ! »

9 novembre.

Etappen Comm.

Le 10 au matin nous allons à la réunion et encore une fois l'ordre d'évacuation nous est annoncé. Lorsque nous en sortons une violente canonnade tonne à une trentaine de kilomètres.

Vers 15 heures une escadrille de 40 avions paraît, se dirige vers le Nord, il semble y avoir combat. Toujours des troupes repassent, mais la cohue est plus pressée encore. Wallerand regorge d'artillerie et d'infanterie et un convoi de 600 prisonniers est dirigé sur Givet pour faire place.

La Commandanture se dépeuple. Quatre employés sont partis, emportant un monceau de paquets sur notre balladeuse du ravitaillement qu'ils enlèvent sans nous en demander l'autorisation.

Le 11, le passage continue toujours, les derniers prisonniers logés à Wallerand partent le matin à 8 heures. Il nous disent au revoir, mais espèrent être bientôt libres « d'ici une paire de mois ». Ceux qui sont logés à Vireux-Molhain, dans la vieille collégiale, n'ont reçu aucun ravitaillement depuis hier matin, mais les habitants ont suppléé par des distributions répétées.

L'interprète de la Commandanture nous affirme que l'armistice est signé. La rumeur s'en répand vite, mais les autorités ne nous disent absolument rien.

« L'Ours » ne décolère pas. Pourtant à 11 heures, la voix du canon se tait. Les travaux de destruction des ponts s'arrêtent, et même les quelques caisses d'explosifs qui déjà étaient disposées dans la culée du pont de pierre sont retirées.

Le recul se continue, s'amplifie, devient de plus en plus confus.

Le 12, les canons sont abandonnés ; des artilleurs en jettent à la Meuse les pièces principales, laissent le reste dans un fossé et s'en repartent plus pressés. La Commandandure part.

« L'Ours » pour la dernière fois donne un ordre : il veut, mais en vain, réquisitionner une voiture.

Après son départ des drapeaux sortent de leur cachette, montrant notre joie. Mais un Allemand s'empare d'un des emblèmes et le jette dans la boue. Un ordre intervient : les drapeaux doivent être enlevés. Il est strictement interdit d'arborer les couleurs alliées avant le départ des Allemands.

A la gare, tout est abandonné. Le 13 des trains entiers sont restés là, bondés de leurs chargements.

Le magasin d'étape est lui aussi abandonné. Les Allemands y laissent surtout de la paille, du foin, des liqueurs. Pourtant ils en emportent durant toute la journée du 13. Le défilé des charrettes continue.

Dans la boue, les groupes piétinent, allant toujours vers le Nord. Mais nous sentons que ces soldats ne sont plus des combattants. Sans armes, débraillés, sans discipline, ils fuient...

LA LIBÉRATION

Dans la nuit du 13 au 14, le mouvement semble diminuer et le 14, lorsque de bon matin, je vais aux nouvelles, dans le brouillard gris et opaque je ne distingue plus que quelques groupes, derniers fuyards de la grande déroute.

A midi, le dernier feldgrau a disparu, et déjà les habitants retournent à Wallerand visiter leurs maisons.

Mais nous n'avons guère le temps de penser à nous. A la retraite vers le Nord succède une débâcle vers le Sud.

Les prisonniers se trouvant en Belgique ont été lâchés sans que l'autorité allemande se soit souciée de leur nourriture.

Ils vont à la recherche de nos troupes et passent dans nos villages à raison de 2 à 3.000 par jour, implorant notre charité, hélas ! impuissante.

Enfin le 16 novembre la population des deux Vireux accueillait dans des transports de joie une délégation italienne : un officier et un brigadier de gendarmerie, premiers représentants alliés qui officiellement venaient prendre possession des deux Vireux.

ÉPILOGUE

14 Novembre 1918.

Pauvre Wallerand ! Dans quel triste état, je te trouve !

Les maisons abandonnées à la suite de l'évacuation ont été vidées. Ce qui n'a pu être enlevé est détruit. Les Allemands s'y sont logés : leurs ordures même jusque dans le grenier, témoignent de leur séjour.

Dans les rez-de-chaussée, ils ont mis des chevaux : Le parquet est couvert de vingt centimètres de fumier, le carrelage est brisé, les boiseries en morceaux.

Dans les rues, le spectacle est celui d'un champ de bataille. Des chevaux morts empestent les environs. Des objets d'équipement, des casques, des boîtes à masques, des cartouches gisent par milliers. Aux abords du village, des fils de fer barbelés s'enchevêtrent dans les prairies.

Quel nettoyage à faire ! Pourtant, nous sommes les moins malheureux, nous n'avons pas de ruines !

Les rues sont bien tristes. Aucun cri ne les anime. Hélas ! nos troupeaux sont partis et bien des jours s'écouleront avant que nos écuries repeuplées nous livrent à nouveau leurs produits.

La mairie est déserte, les placards en sont ouverts. Le maire a pu heureusement en sauver les archives, mais il a dû, impuissant, assister à la ruine de sa commune endettée. N'a-t-il pas dû payer durant la tourmente la formidable somme de 1.386.133 fr. 45 dans laquelle il est vrai une partie représente des avances. Mais notre richesse forestière est bien entamée.

Voici mon école ! Elle contient encore des lits à

étage. Pourtant une partie du mobilier est restée. Seules quelques tables ont été détruites.

Mais que d'avenirs intellectuels sont brisés ! Quelle œuvre à accomplir ! Que de temps à regagner, surtout ces deux dernières années dont le travail a été anéanti par les fermetures répétées et les réquisitions.

Ici habitait le gendarme. Que de larmes ont été versées sur le seuil de cette porte ! Et je songe aux angoisses, aux tourments, aux terreurs que la botte allemande nous a prodigués.

Et continuant ma route douloureuse, je franchis la porte du cimetière. Qu'elles sont nombreuses les croix blanches au pied desquelles dorment de leur dernier sommeil ces malheureux prisonniers que la débâcle allemande a laissés sans soin dans la maladie, sans nourriture dans leur épuisement, mais qui tous sont ensevelis en terre française, dans les plis du drapeau tricolore ! Qu'elles sont nombreuses aussi celles qui marquent la dernière demeure des pauvres évacués dont la dépouille gît loin du pays natal, loin du ciel noir des pays miniers, ou de la terre jaune des pays de l'Argonne !

Et combien nombreux, parmi ces lourds monuments, ou ces humbles tertres, marquent le tombeau de ceux que prématurément les souffrances physiques, les privations, les tortures morales ont ravi à l'affection des leurs !

Mais déjà des lueurs rougeoient dans le brouillard. Ce sont des feux qui dévorent les vestiges matériels de l'invasion. Déjà on se met à l'œuvre pour réparer les plaies, hélas ! nombreuses, qu'à causées

LA BOTTE ALLEMANDE

FIN

TABLE DES MATIÈRES

3e partie : *En Zône d'Etappe*

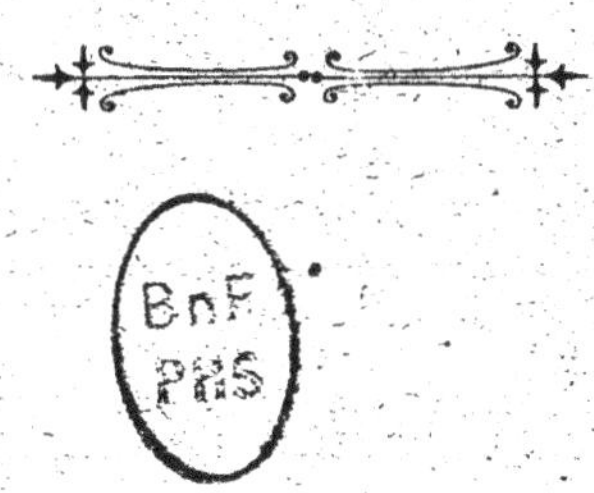

IMP. ADOLPHE BAUDIER, ROCROI